SANIDAD BÍBLICA

Descubre a Cristo el Sanador

Paul & Paula Mensah-Woode

LifeSprings
PUBLISHING

Derechos de Autor © 2021Paul Mensah-Woode y Paula Mensah-Woode

Publicado por Life Springs Publishing

P.O BOX 75281

Colorado Springs, CO 80970

VERSIONES EN INGLÉS:

ISBN DE TAPA DURA: 978-1-949603-39-2

ISBN DE TAPA BLANDA: 978-1-949603-05-7

ISBN DEL EBOOK: 978-1-949603-34-7

VERSIONES EN ESPAÑOL:

ISBN DE TAPA BLANDA: 978-1-949603-42-2

ISBN DEL EBOOK: 978-1-949603-43-9

Las escrituras citadas en este libro fueron tomadas de la Versión Reina Valera (1909) la cual es de dominio público.

Impreso en los Estados Unidos de América

ÍNDICE

INTRODUCCIÓN

$\mathscr{H}$oy más que nunca es esencial que la iglesia y el mundo experimenten la demostración del poder sanador de Dios.

En una ocasión, una mujer llegó a la iglesia con distintos problemas. Tenía un tumor en la cabeza y dolor en sus piernas, lo que ocasionaba que caminar le fuera insoportable. Tomamos un paso de fe en la Palabra de Dios, y dijimos: ¡No, esta mujer es una hija de Dios! ¡La sanidad le pertenece! Algunos días después regresó, y dijo: "¡Les alegrará saber que regresé al doctor, y mi tumor ha desaparecido! También fui por el padecimiento en mi cadera, y el doctor me dijo que ya no me tendrá que ver en un largo tiempo!" ¿Acaso no es ese nuestro Jesús, cuando honramos Su Palabra?

Mientras se envuelve en las verdades Bíblicas que contiene este libro, pedimos que en verdad conozca y experimente la sanidad de Dios en cada área de su vida, en el nombre de Jesús.

Descubra y triunfe sobre los 9 obstáculos en el camino a la sanidad. En algunos casos recibirá oraciones basadas en las escrituras que lo equiparán para caminar en la victoria que Jesús compró por usted.

También contestamos algunas de las preguntas sobre sanidad más frecuentes, y le damos consejos claros y concisos para caminar en la salud Bíblica.

Como bonus adicional, encuentre una compilación de 100 Escrituras que contienen las promesas de Dios para meditar mientras se mantiene creyendo en fe que recibirá su sanidad.

Una verdad importante para establecer es que Dios no tiene favoritos.

Hechos 10:34 nos recuerda esta verdad: *"Entonces Pedro, abriendo su boca, dijo: Por verdad hallo que Dios no hace acepción de personas."* Las promesas de Dios son inmutables. Él es el mismo ayer, hoy y siempre. Él realiza milagros hoy, así como lo hizo en los días de los profetas y los apóstoles

Los Pastores Paul y Paula han visto a Dios sanar cáncer, aneurisma, migrañas recurrentes, displasia de cadera, presión alta, hipotiroidismo, esterilidad y mucho más en la vida de otros.

Además de haber visto a muchos la sanidad de muchas personas, para la Gloria de Dios, también han experimentado lo han experimentado en sus vidas. Algunos testimonios son los siguientes:

Dios los bendijo con dos hijos más después de haber recibido la noticia que nunca podrían volver a tener hijos, vieron a su hijo caminar aunque les habían dicho que nunca lo podría hacer, y si lo lograra, tendría problemas irreversibles, y fueron sanados de hipotiroidismo.

Sea bendecido por muchos otros testimonios de milagros que compartiremos a lo largo de este libro

*Y ellos le han vencido por la sangre del Cordero, y **por la palabra de su testimonio; y no han amado sus vidas hasta la muerte...** (Apocalipsis 12:11 RVR 1909)*

Por último, será equipado con respuestas reales que le ayudarán a caminar en el diseño verdadero de Dios para su salud.

Comparta este libro con más personas—¡Será un excelente regalo para aquellos que ama!

CAPÍTULO 1

Las Preguntas Más Frecuentes
sobre Sanidad Bíblica

¿La Voluntad de Dios es Sanar?

En el principio, cuando Dios creó a Adán y a Eva, los creó perfectos. La enfermedad no existía en el Edén. Tenían una comunión perfecta con Dios. Sin embargo, cuando pecaron, se trajeron maldición a sí mismos. Dios ungió a Jesús con el Espíritu Santo. Nuestro Señor vivió haciendo el bien y sanando a los enfermos.

Hechos 10:38 dice:

*Cuanto **a** Jesús de Nazaret; cómo le ungió Dios de Espíritu Santo **y de potencia;** el cual anduvo haciendo bienes, y **sanando a todos los oprimidos del diablo; porque Dios era con él.***

Jesús redimiría a la humanidad en espíritu, alma y cuerpo. Cada aspecto del destino del hombre sería restaurado al diseño original de Dios. Este fue, y continúa siendo, parte del plan de redención de Dios para sanar nuestras enfermedades.

Exploremos una serie de escrituras claves sobre el tema de la sanidad bíblica.

Primero echaremos un vistazo a algunas de las profecías sobre Jesús el Mesías.

Isaías 53:3-5

Despreciado y desechado entre los hombres, varón de dolores, experimentado en quebranto: y como que escondimos de él el rostro, fue menospreciado, y no lo estimamos.

Ciertamente llevó él nuestras enfermedades, y sufrió nuestros dolores; y nosotros le tuvimos por azotado, por herido de Dios y abatido.

Mas él herido fue por nuestras rebeliones, molido por nuestros pecados: el castigo de nuestra paz sobre él; y por su llaga fuimos nosotros curados.

Aquí aprendemos que Jesús llevó nuestras enfermedades y dolor. Por Sus heridas se nos ha dado acceso a la sanidad. Pero algunas personas dudan que la sanidad es posible hoy en día porque dicen que eso pertenecía a los tiempos del Antiguo Testamento.

En el Nuevo Testamento, el evangelio según Mateo cita la misma escritura para describir la sanidad que Jesús realizaba:

Mateo 8:16-17 (RVR 1909)

Y como fué ya tarde, trajeron a él muchos endemoniados: y echó los demonios con la palabra, y sanó a todos los enfermos; para que se cumpliese lo que fue dicho por el profeta Isaías, que dijo: El mismo tomó nuestras enfermedades, y llevó nuestras dolencias.

Honestamente, estos fueron los primeros versículos que cambiaron mi vida de gran manera. Alguien pagó el precio: ¡Su nombre es Jesús!

¿Alguna vez ha escuchado la expresión *Es bastante bueno para ser verdad*?

La Biblia es bastante buena, pero en efecto, ¡es verdad! El Apóstol Pablo explica por qué las verdades bíblicas, siendo tan poderosas, algunas veces desafían nuestra habilidad para comprender y creer. Algunas veces nuestras mentes no llegan a comprender la simplicidad de la palabra de Dios.

¿A qué se debe esto? Pablo nos advirtió sobre las engañosas artimañas del enemigo, tanto en el tiempo pasado como en el presente:

2 Corintios 11:3

Mas temo que como la serpiente engaño a Eva con su astucia, sean corrompidos así vuestros sentidos en alguna manera, de la simplicidad que es en Cristo.

Parece ser que muchas personas confían en el meteorólogo, creen en los anuncios de tiendas, ¡y creen sin duda alguna en las noticias que ven en las redes sociales! ¿Dónde dejamos la Palabra de Dios?

Le digo ahora mismo que la Palabra de Dios es la verdad más confiable que nunca cambia. Podemos confiar que Dios cumplirá lo que dice en Su Palabra.

Cuando era niño, recuerdo que en una mañana me desperté con un caso severo de fiebre, así que mis padres me llevaron al doctor. La Palabra de Dios era tan real para mí en ese entonces y lo continúa siendo el día de hoy. Cuando medita en la Palabra de Dios hasta que crea, sin dudar, comenzará a fluir de su vida. Usted declarará lo que cree.

Entonces, comencé a declarar las escrituras sobre mi cuerpo. "La Palabra de Dios me dice que Jesús tomó mi enfermedad, y estoy de acuerdo con la Palabra de Dios. Declaré: ¡Soy sano en el nombre de Jesús!" Los doctores no podían comprender mi confianza en la Palabra de Dios. Pero, para su sorpresa, la fiebre desapareció el mismo día.

Mi querido amigo que está leyendo este libro, si Cristo llevó mi fiebre, entonces no necesitamos llevarla. Jesús mismo la llevó a la cruz, y yo, cuando era pequeño, decidí que ninguno de nosotros necesitaría llevar la misma carga. Me pareció bastante bien. Ya que Él llevó esa carga, permito que la tome por completo.

El Apóstol Pedro reitera esta verdad central: *"El cual mismo llevó nuestros pecados en su cuerpo sobre el madero, para que nosotros siendo muertos a los pecados, vivamos a la justicia: por la herida del cual* *habéis **sido** sanados".* (1 Pedro 2:24, se agregó énfasis). En este versículo, Pedro está recordando la cruz. Nótese que dice: "habéis sido sanados". Fíjese en el tiempo pasado. En otras palabras, el hecho de que Jesús llevó nuestras enfermedades a la cruz ha abierto la provisión de nuestra sanidad.

¿Puede creer por completo sin duda alguna que Jesús hizo eso por usted?

Piénselo. Imagine que ha comprado una pequeña casa libre de deudas para sus hijos mientras están estudiando en la Universidad.

En su ausencia, el personal del banco le hace una visita, exigiéndole que pague la hipoteca de sus hijos. ¿Qué deberían hacer sus hijos? Ellos dirían que Mamá o Papá ya pagaron esa pequeña casa. Si el banco insiste, deberán mostrarles el título de propiedad.

Amigos, ¡su título de propiedad es la Palabra de Dios!

¿Jesús tomó sus enfermedades? ¡Sí, ciertamente Él lo hizo!

En efecto, Jesús pagó el precio completo de su salud. Oramos para que, al terminar de leer este libro, usted abrace por completo estas verdades Bíblicas sin la más mínima duda.

¿La Sanidad es Inmediata?

Aunque la Palabra de Dios aclara que la voluntad de Dios es sanar, no siempre sucede de inmediato. Veamos algunas escrituras.

Lucas 17:14 dice:

Y como él los vió, les dijo: Id, mostraos a los sacerdotes. Y aconteció, que yendo ellos, fueron limpios.

La sanidad sucedió durante el camino hacia los sacerdotes. Esto parece un proceso ordinario a simple vista. Pero, si ponen atención, estarán de acuerdo que se requirió un salto de fe (y valor) para presentarse limpio ante el sacerdote cuando su cuerpo estaba lleno de lepra. Los diez leprosos fueron sanados cuando tomaron un paso de fe para hacer ese anuncio público.

Hoy en día, así como en los tiempos bíblicos, algunas veces la sanidad ocurre de inmediato. Otras veces ocurre después de un proceso de tiempo al seguir las instrucciones necesarias.

Veamos otro ejemplo del proceso de sanidad:

Juan 4:46-54 dice:

Vino, pues, Jesús otra vez a Caná de Galilea, donde había convertido el agua en vino. Y había en Capernaum un oficial del rey, cuyo hijo estaba enfermo. Este, cuando oyó que Jesús había llegado de Judea a Galilea, vino a él y le rogó que descendiese y sanase a su hijo, que estaba a punto de morir.

Entonces Jesús le dijo: Si no viereis señales y prodigios, no creeréis

El oficial del rey le dijo: Señor, desciende antes que mi hijo muera.

Jesús le dijo: Ve, tu hijo vive. Y el hombre creyó la palabra que Jesús le dijo, y se fue.

Cuando ya él descendía, sus siervos salieron a recibirle, y le dieron nuevas, diciendo: Tu hijo vive.

*Entonces él les preguntó a qué hora **había comenzado a estar mejor**. Y le dijeron: Ayer a las siete le dejó la fiebre.*

El padre entonces entendió que aquella era la hora en que Jesús le había dicho: Tu hijo vive; y creyó él con toda su casa. Esta segunda señal hizo Jesús, cuando fue de Judea a Galilea. (Se agregó énfasis).

En el verso 52, leemos: *"Entonces él les preguntó a qué hora había comenzado a estar mejor, Y le dijeron: Ayer a las siete le dejó la fiebre."*

El hijo del oficial del rey comenzó a mejorar desde aquella hora, en la cual Jesús dijo: *"Tu hijo vive"* (versículo 53). Comenzó a mejorar hasta recuperarse por completo.

Recuerde, ser paciente en esta temporada significa aferrarse a las promesas de Dios constantemente hasta que las veamos manifestarse en nuestras vidas. El escritor de Hebreos nos advierte: *"Que no os hagáis perezosos, mas imitadores de aquellos que por la fe y la paciencia heredan las promesas."* (Hebreos 6:12)

La paciencia es un proceso continuo.

¿Cómo ejercitamos la paciencia? Alabando a Dios, y aferrándonos con firmeza a lo que Él ha dicho en Su Palabra. Alabar a Dios en la dificultad demuestra que estamos ejercitando nuestra fe para creer, y esperamos que las promesas de Dios se manifiesten. Además, alabarle en la dificultad nos llevará a Su presencia.

El *Salmo 22:3* dice*: Tú empero eres santo, Tú que habitas entre las alabanzas de Israel.*

Gloria a Dios que nuestro Padre está en medio de nosotros cuando lo alabamos. ¡Es sorprendente!

En nuestras vidas hemos experimentado la sanidad inmediata en algunos casos. Sin embargo, también hemos experimentado la sanidad que requiere un periodo de tiempo.

Cuando nuestro hijo mayor comenzó a caminar, la forma de sus piernas era extraña. En nuestra visita al especialista, nos dijo que no garantizaba que la cirugía iba a solucionar el problema. Al regresar a casa, oramos con la seguridad que el Padre lo iba a sanar. Algunas semanas pasaron, y la situación continuaba. Incluso meses después seguimos sin ver ninguna manifestación física de su sanidad, pero no nos dimos por vencido. Nos propusimos que, en lugar de entristecernos cada vez que viéramos sus piernas, alabaríamos a Dios y le daríamos gracias por su sanidad.

Un día cuando íbamos camino a casa después de la iglesia, miré hacia abajo y vi que las piernas de mi hijo estaban perfectamente restablecidas. "¡Jesús lo hizo!", exclamé. Ese día vimos el milagro por el cual habíamos estado alabando a Dios para que se manifestara frente a nuestros ojos.

Alabe a Dios en la tormenta, y saldrá de ella.

Alabe a Dios cuando no comprenda lo que está sucediendo.

Alabe a Dios cuando no ve una salida.

Alabe a Dios en la oscuridad.

Cuando usted lo alabe,

Él convertirá su dificultad en un testimonio glorioso, ¡en el nombre de Jesús!

¿Cómo Recibimos la Sanidad?

El asunto más fundamental es reconocer la Palabra de Dios como la verdad:

1 Tesalonicenses 2:13 dice:

Por lo cual, también nosotros damos gracias a Dios sin cesar, de que habiendo recibido la palabra de Dios que oísteis de nosotros, recibisteis no palabra de hombres, sino según es en verdad, la palabra de Dios, el cual obra en vosotros los que creísteis.

Cuando cultivamos el hábito de pasar tiempo en la Palabra de Dios, nuestra confianza en Él incrementará. Como resultado, nuestra fe en Su Palabra crece. Existe una verdad inquebrantable: Dios es fiel, y nunca nos dejará ni nos abandonará. Aunque suene fácil, para nuestra mente humana es difícil asimilarlo. El Apóstol Pablo aconseja en Hebreos 4:11 lo siguiente: *"Procuremos pues de entrar en aquel reposo; que ninguno caiga en semejante ejemplo de desobediencia."*

Conforme vamos progresando en el estudio de este libro, Dios abrirá sus ojos para que vea lo que Él ha hecho posible para usted a través de la redención, en el nombre de Jesús.

El Salmo 119:18 nos dice: *"Abre mis ojos, y miraré las maravillas de tu ley."* ¿Por qué necesitamos que nuestros ojos sean abiertos para ver aquello a lo cual tenemos acceso en la Palabra de Dios? Simplemente porque sólo podemos obtener lo que vemos. Permítame darle un ejemplo del valor de lo que vemos en la escritura.

Dios le dijo a Abraham que levantara sus ojos, y toda la tierra que viera sería suya y de sus futuras generaciones por siempre:

Génesis 13:14-16

*Y Jehová dijo a Abram, después que Lot se apartó de él: Alza ahora tus ojos, y mira desde el lugar donde estás hacia el norte y el sur, y al oriente y al occidente. Porque toda la tierra que **ves, la daré a ti y a tu descendencia para siempre.** Y haré tu descendencia como el polvo de la tierra; que si alguno puede contar el polvo de la tierra, también tu descendencia será contada. (Se agregó énfasis).*

Cuando vemos las verdades en la Biblia, y creemos a través de los ojos de la fe en lo que Dios ha hecho posible para nosotros, las podemos obtener. Pero al cerrar nuestros corazones, evitamos ver esas verdades y nuestras percepciones desaparecen. Nuestro Señor Jesús explica que nuestra resistencia a recibir la verdad puede ser un obstáculo en nuestro camino a la sanidad.

Mateo 13:15

Porque el corazón de este pueblo se ha engrosado, y con los oídos oyen pesadamente, y han cerrado sus ojos; para que no vean con los ojos, y oigan con los oídos, y con el corazón entiendan, y se conviertan, y yo los sane.

Esto hacía referencia a la dureza del corazón de los Judíos, pero el principio espiritual también aplica a todos los que escogen permanecer con la mente cerrada al poder de la palabra de Dios.

Imagine una clase de matemáticas: El profesor ha utilizado cada uno de los métodos posibles para explicar cómo resolver un problema; agotado, decide sentarse. De pronto, dos estudiantes exclaman: "¡Ah, ya lo entendemos!" ¡La bombilla de luz se encendió! Finalmente pudieron ver la simplicidad de aquel problema que tanto les disgustaba.

Nuestra oración es que el Padre le entregue una revelación personal de Su verdad inmutable sobre la sanidad mientras pasa cada una de las páginas en este libro. Pido que, al descubrir la verdad, usted reciba su sanidad en el nombre de Jesús.

CAPÍTULO 2:

Las Verdades Fundamentales sobre la Sanidad

Plante la Semilla en su Corazón

*E*s importante reconocer desde el principio que Dios es el Sanador. Él realiza milagros. Nuestra tarea es plantar la semilla de Dios en nuestros corazones y regar la Palabra de Dios, pero el milagro de sanidad es el resultado de la fidelidad de nuestro Padre.

Él apresura Su Palabra para cumplirla, como lo aprendemos en Jeremías 1:12

Y me dijo Jehová: Bien has visto; porque yo apresuro mi palabra para ponerla por obra.

1 Corintios 3:9 dice:

Porque nosotros somos colaboradores de Dios, y vosotros sois labranza de Dios, edificio de Dios.

Y Dios nos promete cosas grandiosas en Su palabra.

2 Pedro 1:4 dice:

Por medio de las cuales nos ha dado preciosas y grandísimas promesas, para que por ellas llegaseis a ser participantes de la naturaleza divina, habiendo huido de la corrupción que hay en el mundo a causa de la concupiscencia.

Al hacer esto, tomamos las promesas de Dios como semillas, y las plantamos en nuestros corazones. En la parábola del sembrador, Jesús se refiere a la Palabra de Dios como una semilla (Mateo 13).

Al inicio de la primavera, nos encanta plantar las semillas de nuestra flor favorita en nuestros jardines. Si alguna vez ha plantado un jardín, sabrá que las semillas están en su mejor condición cuando los hermosos pétalos florecen.

Como creyentes, la semilla de la Palabra de Dios que está plantada en nuestros corazones concierne a la sanidad; así que crece en nuestro interior hasta que triunfa sobre la enfermedad y las pruebas a las que nos enfrentamos. Mientras lee este libro, su corazón se está llenando de la preciosa semilla que es la Palabra de Dios.

Piense en su corazón como si fuera un jardín. Frente a cada padecimiento de salud, plante la semilla de la palabra de Dios en su corazón. Cuando la semilla es plantada, riéguela. Lo hará una vez más con la Palabra de Dios *"para santificarla, habiéndola purificado en el lavamiento del agua por la palabra"*. (Efesios 5:26)

Cuando termine de leer este libro, lo equiparemos con 100 escrituras poderosas para fortalecer su fe. Considere estas escrituras como semillas, plántelas en su corazón y riéguelas con sus declaraciones llenas de fe sobre la Palabra de Dios; celébrelas con su alabanza, y observe cómo la semilla de la Palabra de Dios prevalece sobre cualquier enfermedad en el nombre de Jesús.

La Espera y la Sanidad

Al orar, lo que esperamos que suceda tiene mucho que ver con nuestra sanidad.

¿Ha sucedido algo en su vida que ha permanecido por mucho tiempo y ahora lo considera imposible? ¡Nada es imposible con nuestro Dios!

Echemos un vistazo a este pasaje sobre Jesús en el estanque de Betesda.

Juan 5:1-9:

Después de estas cosas había una fiesta de los judíos, y subió Jesús a Jerusalén.

Y hay en Jerusalén, cerca de la puerta de las ovejas, un estanque, llamado en hebreo Betesda, el cual tiene cinco pórticos. En éstos yacía una multitud de enfermos, ciegos, cojos y paralíticos, que esperaban el movimiento del agua. Porque un ángel descendía de tiempo en tiempo al estanque, y agitaba el agua; y el que primero descendía al estanque después del movimiento del agua, quedaba sano de cualquier enfermedad que tuviese.

Y había allí un hombre que hacía treinta y ocho años que estaba enfermo. Cuando Jesús lo vio acostado, y supo que llevaba ya mucho tiempo así, le dijo: ¿Quieres ser sano?

Señor, le respondió el enfermo, no tengo quien me meta en el estanque cuando se agita el agua; y entre tanto que yo voy, otro desciende antes que yo.

Jesús le dijo: Levántate, toma tu lecho, y anda.

Y al instante aquel hombre fue sanado, y tomó su lecho, y anduvo. Y era día de reposo aquel día.

Jesús tuvo compasión y misericordia por el hombre—"¿Quieres ser sano?" Le preguntó.

Jesús le hizo esa pregunta para demostrar que la sanidad estaba disponible. Puede ver la desesperanza en la respuesta de este hombre: "Señor, no tengo quien me meta en el estanque cuando se agita el agua; y entre tanto que yo voy, otro desciende antes que yo."

Sin duda alguna, la extensa enfermedad de este hombre había alterado su mente. Del mismo modo, el diablo nos susurra: "DE NINGUNA MANERA, es imposible. No hay salida."

Rechacemos el veredicto del enemigo que dice "de ninguna manera". No importa cuanto tiempo ha estado en esa situación. ¡Dios lo puede hacer! Alimentémonos de la Palabra de Dios. Al hacer esto, cambiamos la manera en la que hablamos, y por consiguiente cambia lo que creemos.

El Nombre de Jesús.

Antes de que nuestro Señor Jesús partiera de este mundo, Él nos otorgó poder para usar Su nombre. Esto significa que cada vez que hablamos y oramos en el nombre de Jesús, conforme a la voluntad de Dios, es como si Jesús estuviera hablando. Este es un privilegio que el Padre nos ha conferido. Cada vez que hablamos en Su nombre, declaramos victoria, pues todas las cosas se rinden ante el nombre de Jesús.

Filipenses 2:9-11:

Por lo cual Dios también le exaltó hasta lo sumo, y le dio un nombre que es sobre todo nombre, para que en el nombre de Jesús se doble toda rodilla de los que están en los cielos, y en la tierra, y debajo de la tierra; y toda lengua confiese que Jesucristo es el Señor, para gloria de Dios Padre.

Dios ha exaltado a Jesucristo, el Hijo de Dios, para ser el nombre sobre todo nombre. Esto debe ser suficiente para que los creyentes den gritos de gozo. La infertilidad, Diabetes, el Mieloma Múltiple, la Insuficiencia Renal y la Enfermedad Cardiovascular son nombres.

¡Pero cada nombre debe rendirse ante el nombre de Jesús!

Cuando menciona el nombre de Jesús, cada enfermedad deberá dejar su cuerpo.

Echemos un vistazo al libro de Hechos para ver cómo usaron el nombre de Jesús de una manera tan poderosa.

En Hechos 3, vemos a Pedro usando el nombre de Jesús para sanar a un paralítico.

Hechos 3:6-9 (RVR 1909)

Y Pedro dijo: Ni tengo plata ni oro; mas lo que tengo te doy: en el nombre de Jesucristo de Nazaret, levántate y anda. Y tomándole por la mano derecha le levantó: Y luego fueron afirmados sus pies y tobillos; y saltando, se puso en pie, y anduvo; y entró con ellos en el templo, andando, y saltando, y alabando a Dios. Y todo el pueblo le vió andar y alabar a Dios. Todas las personas lo vieron caminar y alabar a Dios.

Entonces Pedro explica al público en asombro cómo es que sucedió este milagro instantáneo.

Hechos 3:16 (RVR 1909)

Y por la fe en su nombre, a éste, que vosotros veis y conocéis, le ha confirmado su nombre; y la fe que es por él ha dado a éste esta completa sanidad en presencia de todos vosotros.

¡Pedro tenía el nombre de Jesús! Nosotros tenemos el nombre de Jesús el día de hoy porque Él nos dejó Su nombre, y tenemos el derecho de usarlo. A través de Su nombre, somos vencedores. ¡Amén! A continuación, aprenderá más sobre cómo fortalecer su fe para obtener la sanidad. Oro para que el Padre lo equipe para mantenerse creyendo en fe que recibirá su sanidad y la de sus seres queridos, en el nombre de Jesús.

CAPÍTULO 3:

Ganando la Batalla de la Salud

J osué 1:8-9:

> *Nunca se apartará de tu boca este libro de la ley, sino que de día y de noche meditarás en él, para que guardes y hagas conforme a todo lo que en él está escrito; porque entonces harás prosperar tu camino, y todo te saldrá bien. Escucha lo que te mando: Mira que te mando que te esfuerces y seas valiente; no temas ni desmayes, porque Jehová tu Dios estará contigo en dondequiera que vayas.*

Recibir malas noticias o un diagnóstico preocupante tiene el potencial de crear miedo. En situaciones como estas, es momento de buscar la verdad para pasar por alto el hecho que está frente a usted. La Palabra de Dios es la verdad que transformará la situación. Cuando tenemos la Palabra de Dios como nuestro baluarte, nos fortalece para mantenernos tranquilos e inconmovibles mientras mantenemos la fe en la victoria que Jesús compró por nosotros.

En seguida hay algunas escrituras que serán nuestra ancla durante las temporadas difíciles de incertidumbre.

Proverbios 4:20-22

Hijo mío, está atento a mis palabras; No se aparten de tus ojos; guárdalas en medio de tu corazón. Porque son vida a los que las hallan, y medicina a todo su cuerpo.

Proverbios 18:21

La muerte y la vida están en poder de la lengua, y el que la ama comerá de sus frutos.

3 Juan 2

Amado, yo deseo que tú seas prosperado en todas las cosas, y que tengas salud, así como prospera tu alma.

Medite en la Palabra de Dios.

Esto le ayudará a enfocarse en las promesas de Dios. Le permitirá desarrollar su fe **lo suficiente para eliminar el obstáculo del miedo**. Cuando declara lo que en verdad cree sin duda alguna, es ahí cuando la fe obra por usted. ¡Dedique tiempo para tomar la Palabra de Dios como una medicina hasta que todas sus dudas desaparezcan!

Después de tener a nuestro primer hijo, el ginecólogo dijo que no podría volver a concebir. Nuestro problema no son los doctores. Ellos simplemente nos informan los reportes médicos que ven.

Existe una verdad que prevalece sobre los hechos y diagnósticos: la Palabra de Dios. El diagnóstico que recibimos está basado en la evidencia de un médico, pero alabado sea Dios, pues Su Palabra hace posible lo imposible. Durante los siguientes seis meses, hice de la palabra de Dios mi ocupación de tiempo completo. Solía escuchar la Palabra de Dios todo el día. Al final de este periodo, cuando fui a mi cita, el doctor me declaró sana. La palabra de Dios prevaleció, y Dios nos bendijo con dos hijos más.

Medite en Su Palabra, y cambiará su vieja forma de pensar. Esto reemplaza los pensamientos negativos con la verdad bíblica. Al meditar en la Palabra de Dios, usted adoptará Su verdad. Cuando la duda disminuye, Su sanidad se manifiesta.

Génesis 1:1-3

Dios, en el principio, creó los cielos y la tierra. En el principio creó Dios los cielos y la tierra. Y la tierra estaba desordenada y vacía, y las tinieblas estaban sobre la faz del abismo, Y el Espíritu de Dios se movía sobre la faz de las aguas. Y dijo Dios: Sea la luz; y fue la luz.

Juan 1:5

La luz resplandece en las tinieblas, y las tinieblas no prevalecieron contra ella.

El cáncer, o una enfermedad terminal, podrían ser las tinieblas con las que está lidiando. Cuando Dios habló sobre la oscuridad, resplandeció una gran luz que la oscuridad no pudo comprender. Dios solo habló la Palabra, y hubo la luz, exactamente como dijo.

Pablo nos exhorta a imitar a Cristo para que podamos caminar en la luz:

Efesios 5:8

Porque en otro tiempo erais tinieblas, mas ahora sois luz en el Señor; andad como hijos de luz. Por ende, como hijos, sean imitadores de Dios.

¿Puede imitar a Dios haciendo lo que Él hizo cuando vio oscuridad? Cuando Dios vio la oscuridad, no dijo: "¡Oh, está muy oscuro!", más bien dijo: "Sea la luz", y fue la luz. Ahora bien, tome Su Palabra y declárela en su situación. La Palabra de Dios tomará el control en la batalla.

Aferrémonos a estos dos versículos:

Salmo 138:2

Me postraré hacia tu santo templo, y alabaré tu nombre por tu misericordia y tu fidelidad; porque has engrandecido tu nombre y tu palabra sobre todas las cosas.

Contemplar lo que Dios ha colocado en Su Palabra sobre Su Nombre es una verdad tan gloriosa. Esto debería emocionarnos. La Palabra de Dios es buena. Él es un Dios fiel de quien podemos depender.

Hebreos 6:18

Para que por dos cosas inmutables, en las cuales es imposible que Dios mienta, tengamos un fortísimo consuelo los que hemos acudido para asirnos de la esperanza puesta delante de nosotros.

Tenga la certeza de que nuestro Padre habla solo la verdad. Sus promesas referentes a su sanidad son verdad.

¡Dios NO LE MENTIRÁ!

Declare Su Sanidad

Piense en la Palabra; lo que ha creído a través de la meditación saldrá de su boca.

Cuando declare la Palabra, continúe meditando en ella.

Alabe y agradezca a Dios por su sanidad.

Cuando ore, declare las escrituras que contienen promesas de sanidad.

Dios honra Sus palabras, así que declárelas.

La Palabra de Dios es verdadera. Mi petición es que usted reciba la sanidad de acuerdo a la Palabra de Dios, en el nombre de Jesús. No se preocupe por la manera en la que llegará su sanidad.

Dios es un experto en milagros. Él se encargará de eso.

El Salmo 103:20 nos dice: "Bendecid a Jehová, vosotros sus ángeles, poderosos en fortaleza, que ejecutáis su palabra, obedeciendo a la voz de su precepto."

Hable de acuerdo a la Palabra de Dios.

Declare las escrituras y órelas.

Así es como usted permite que los ángeles obren a su favor en cada área de su vida, incluyendo su salud.

La Relación entre Nuestras Palabras y la Sanidad

Cuando se trata de sanidad, nuestras palabras son cruciales. Podemos hablar ya sea en acuerdo a la Palabra de Dios, o contrario a ella.

Examinemos algunas escrituras:

Proverbios 18:21 (RVR 1909)

La muerte y la vida están en poder de la lengua.

Proverbios 12:18 (RVR 1909)

Hay quienes hablan como dando estocadas de espada:

mas la lengua de los sabios es medicina.

Hechos 11:14 (RVR 1909)

Él te dirá cómo tú y todos los de tu casa pueden ser salvados.

Es importante señalar que la sanidad está incluida en el paquete de salvación. Por lo tanto, donde sea que se presente el mensaje de salvación, la sanidad también está disponible.

De acuerdo a las escrituras que se mencionaron, somos salvos por escuchar la palabra de Dios sobre la salvación. Nuestro Padre es soberano en todas las cosas. Pero, generalmente, escuchamos el mensaje de salvación porque alguien se tomó el tiempo de compartirlo con nosotros; ya sea en persona o por medios de comunicación como la radio, televisión, pódcast, etcétera.

A través de los Cristianos comprometidos, el evangelio está siendo compartido el día de hoy, pues comparten el mensaje de salvación que produce vida a través de sus palabras. *"Así que la fe proviene del oír, y el oír proviene de la palabra de Dios."* (Romanos 10:17)

Hay excepciones en algunos casos, como lo es el encuentro de Saulo, quien después se convirtió en Pablo. Jesús se le apareció en el camino a Damasco y le habló palabras que cambiaron su vida (Hechos 9:3-19).

Escuche y Sea Sanado

La multitud de personas llegaron a conocer el poder de sanidad de Jesús al escuhar las buenas noticias: *"Pero su fama seguía extendiéndose, y mucha gente se reunía para escucharlo y para que los sanara de sus enfermedades."* (Lucas 5:15) Las grandes multitudes se reunieron para escucharlo, y para que Él los sanara.

¿Qué escucharon?

Escucharon palabras.

¿De qué fueron sanados?

Fueron sanados de sus dolencias.

Mire en Lucas 6:17-18 (RVR 1909)

Jesús descendió con ellos y se detuvo en un llano, en compañía de sus discípulos y de una gran multitud de toda Judea, de Jerusalén y de la costa de Tiro y Sidón. Habían venido a escucharlo y a ser sanados de sus enfermedades. También eran sanados los que eran atormentados por espíritus impuros. En efecto, fueron sanados.

Las multitudes tenían dos propósitos importantes. ¡Fueron a escuchar a Jesús y a ser sanados de sus dolencias! Comenzamos por escuchar, y después hablamos la Palabra de Dios; es entonces cuando recibimos lo que Él tiene para nosotros. Cuando usted habla la Palabra de Dios, se conduce en la Palabra de Dios.

Marcos 11:23 RVR 1909

"Porque de cierto os digo que cualquiera que dijere á este monte: Quítate, y échate en la mar, y no dudare en su corazón, mas creyere que será hecho lo que dice, lo que dijere le será hecho."

Ahora veamos la historia de la mujer que efrentó un problema de salud severo.

Marcos 5:26-34

Y había sufrido mucho de muchos médicos, y había gastado todo lo que tenía, y nada había aprovechado, antes le iba peor. Como oyó hablar de Jesús, llegó por detrás entre la compañía, y tocó su vestido. Porque decía: Si tocare tan solamente su vestido, seré salva.

Y luego la fuente de su sangre se secó; y sintió en el cuerpo que estaba sana de aquel azote.

Y luego Jesús, conociendo en sí mismo la virtud que había salido de él, volviéndose a la compañía, dijo: ¿Quién ha tocado mis vestidos?

Y le dijeron sus discípulos: Ves que la multitud te aprieta, y dices: ¿Quién me ha tocado?

Y él miraba alrededor para ver a la que había hecho esto.

Entonces la mujer, temiendo y temblando, sabiendo lo que en sí había sido hecho, vino y se postró delante de él, y le dijo toda la verdad.

Y él le dijo: Hija, tu fe te ha hecho salva: ve en paz, y queda sana de tu azote.

Veamos su historia con más detalle desde un ángulo diferente. Esta vez nos enfocaremos en dos palabras: *fe y poder.* La mujer tocó Sus vestidos, y Jesús sintió que de él salía poder. Él dijo: "Hija, por tu fe has sido sanada. ve en paz, y queda sana de tu aflicción."

La mujer que había padecido de hemorragias por doce años quería que la montaña en su vida se moviera. Ella creyó en lo que dijo que sucedería. Tan pronto como escuchó la Palabra de Dios, demostró su fe al decir: "*Si alcanzo a tocar aunque sea su manto, me sanaré.*" En el siguiente capítulo veremos como puso su fe en acción.

Por ahora, consideremos nuestras palabras.

El libro de Proverbios ofrece una gran profundización sobre el poder de nuestras palabras. ¡Pueden ser una bendición o maldición!

Proverbios 6:2 (RVR 1909)

Te has enredado con tus propias palabras; ¡eres cautivo de tus propias promesas!

Si sus palabras negativas lo pueden enredar, las palabras que hable en fe lo pueden liberar.

Cambie su lenguaje para hablar solamente lo que se alinea a la Palabra de Dios.

Recuerde que Dios dice que Él es nuestro pastor. Siempre nos lleva a delicados pastos y a lugares seguros de sanidad y restauración.

La lengua del sabio habla sanidad. Así que hable vida, pues la Palabra de Dios es vivificante.

Si alguien le dijera: "Robemos aquella computadora", usted respondería de inmediato: "No, eso está mal. en la Biblia dice que no robemos. Está en contra de la Palabra de Dios." Por ende, lo resiste.

Puede hacer lo mismo para resistir la enfermedad que el enemigo causó en usted. El enemigo no tiene ningún derecho para causar enfermedades en un hijo de Dios.

Nuestra redención a través de Jesucristo también nos ha posicionado para triunfar sobre enfermedades y dolencias. Debemos enfocarnos en la Palabra de Dios para resistir a la enfermedad.

Mire lo que Dios nos ha prometido en Proverbios 4:20-22 (RVR 1909):

Hijo mío, está atento a mis palabras; Inclina tu oído a mis razones. No se aparten de tus ojos; guárdalas en medio de tu corazón; Porque son vida a los que las hallan, y medicina a todo su cuerpo.

Esta escritura nos instruye para hacer tres cosas importantes en relación a la palabra de Dios:

• Preste atención a la palabra. Esté alerta cuando la escuche. Otórguele el primer lugar en su vida. No se distraiga con otras cosas.

Incline su oído a la palabra. Escuche con cuidado cada palabra para entender lo que Dios le está diciendo.

• Guarde esas palabras en su corazón. Guárdelas en su corazón, y la sanidad será el resultado.

Esto es lo que Dios dice en la escritura anterior. Continúa en el versículo 23:

Sobre toda cosa guardada, guarda tu corazón; porque de él mana la vida.

Creer Precede la Sanidad

Es común escuchar a la gente decir: "Ver para creer", pero la Biblia dice lo contrario: "Creer para ver." *Creemos para ver, en lugar de lo opuesto.*

De la abundancia del corazón habla la boca.

El Salmo 27:13 dice:

Hubiera yo desmayado, si no **creyese que veré** *la bondad de Jehová en la tierra de los vivientes. (Se agregó énfasis).*

Una vez que haya visto la sanidad, no hay un propósito por el cual ejercitar su fe para creer en algo que ya tiene.

La fe dice: "Si crees, lo verás." ¡Permanezca en esta verdad!

¿Recuerda la historia de Lázaro? Lázaro había estado muerto por cuatro días, y todas las personas presentes estaban de luto. No veían la razón para seguir creyendo. Sin embargo, cuando Jesús se acercó al sepulcro, ordenó de inmediato que quitaran la piedra que cubría la entrada:

"Marta, la hermana del que se había muerto, le dice: Señor, hiede ya, que es de cuatro días.

Jesús le dijo: ¿No te he dicho que **si crees verás** *la gloria de Dios?" (Juan 11:39-40 RVR 1909, se agregó énfasis).*

Verá, la fe tiene que ver con el plano invisible: Primero creemos y después vemos. Recuerde Marcos 11:24 *"Por tanto, os digo que todo lo que pidáis en oración, creed que lo recibiréis, y os vendrá."*

Considere la actitud de Tomás, el discípulo que todavía no había visto al Cristo resucitado.

Juan 20:24-29 (RVR 1909)

Pero Tomás, uno de los doce, llamado el Dídimo, no estaba con ellos cuando Jesús vino.

Le dijeron, pues, los otros discípulos: ¡Hemos visto al Señor!

Y él les dijo: Si no veo en sus manos la señal de los clavos, y meto mi dedo en el lugar de los clavos y meto mi mano en su costado, no creeré.

Y ocho días después, estaban otra vez sus discípulos dentro, y con ellos Tomás. Llegó Jesús, estando las puertas cerradas, y se puso en medio y dijo: ¡Paz a vosotros!

Luego le dijo a Tomás: Pon aquí tu dedo y mira mis manos; y acerca acá tu mano y ponla en mi costado; Y no seas incrédulo, sino creyente.

Entonces Tomás respondió y le dijo: ¡Señor mío y Dios mío!

Jesús le dijo: Porque me has visto, Tomás, has creído; Bienaventurados los que no vieron y creyeron.

¡Qué palabras tan profundas de nuestro Señor Jesús! En efecto, si cree, experimentará aquello por lo que creyó en la Palabra de Dios.

Compare el escepticismo de Tomás con la fe como la de un niño de Abraham.

Romanos 4:17-18 (RVR 1909)

(Como está escrito: Te he puesto por padre de muchas naciones) delante de Dios, a quien creyó; el que da vida a los muertos, y llama las cosas que no son, como si fuesen. Él creyó en esperanza contra esperanza, para llegar a ser padre de muchas naciones, conforme a lo que se le había dicho: Así será tu descendencia.

Abraham tenía al rededor de 100 años, y aun así no dudó cuando Dios le dijo: "Te haré padre de muchas naciones." Abraham creyó según lo que se le había dicho. Era imposible que algo en lo natural respaldara esa promesa, pues él y su esposa eran de edad avanzada, además de que Sara era estéril. Pero, a diferencia de Tomás, ¡Abraham creyó sin ver! Él tenía la certeza de que, si Dios lo dijo, Él lo hará.

Así que Abraham estuvo de acuerdo con Dios. "Gracias, Padre. Tal vez soy viejo, pero creo en tu Palabra. Tal vez no veo hijo alguno, pero estoy plenamente convencido. Tomaré mi nuevo nombre, Abraham, que significa *padre de muchas naciones.*"

¡Crea para ver! ¡Por Sus heridas usted ha sido sanado! La enfermedad no forma parte del paquete de redención. Hable la Palabra de Dios. Considere lo que la Palabra de Dios dice en su situación personal. ¿Qué dice Dios? Eso es lo que importa.

Por sus palabras, usted será justificado. Puede escoger hablar y estar de acuerdo con Jesús, quien nos dio esta promesa:

"Porque de cierto os digo que cualquiera que diga a este monte: Quítate y échate al mar, y no dude en su corazón, sino que crea que será hecho lo que dice, lo que diga le será hecho. Por tanto, os digo que todo lo que pidáis en oración, creed que lo recibiréis, y os vendrá." (Marcos 11:23-24 RVR 1909)

¿En qué momento cree que recibirá la promesa? Cuando ora. Crea que la recibido, y la obtendrá. **Primero creemos y después la obtenemos.** ¡Camine en la plenitud de esta verdad! Pido que vea la bondad de nuestro Señor, ¡y que siempre reciba la sanidad de Dios!

María, la Madre de Jesús, Creyó para Ver

¡Cuán emocionante fue para María recibir la noticia del ángel que iba a concebir un hijo que sería el Hijo de Dios! Excepto por algo: ¡era virgen! ¿Cómo podría suceder?

Lucas 1:30-36 comparte este hecho:

Entonces el ángel le dijo: María, no temas, porque has hallado gracia delante de Dios. Y he aquí, concebirás en tu vientre y darás a luz un hijo, y llamarás su nombre Jesús. Éste será grande y será llamado Hijo del Altísimo; y el Señor Dios le dará el trono de David, su padre. Y reinará en la casa de Jacob para siempre, y de su reino no habrá fin.

Entonces María dijo al ángel: ¿Cómo será esto? Porque no conozco varón.

Y respondiendo el ángel, le dijo: El Espíritu Santo vendrá sobre ti, y el poder del Altísimo te cubrirá con su sombra; por lo cual también el Santo Ser que va a nacer será llamado Hijo de Dios.

Ya que a algunos de ustedes se les ha dicho que tener hijos es imposible, tal vez ven la promesa de Dios, y piensan:

"¿Cómo podrá suceder si los doctores dicen que es imposible?"

"¿Cómo sucederá si mi esposa ha tenido varios abortos espontáneos?"

"Cómo podrá ser posible si fui diagnosticado con esta condición médica?"

Las buenas noticias es que no necesita saber cómo sucederá.

Porque ninguna cosa es imposible para Dios. (Lucas 1:37)

En el ámbito natural, María no podría estar embarazada porque era virgen. Sin embargo, puesto que la Palabra del Señor vino a ella, creyó y lo alabó, y el milagro sucedió.

María creyó para ver, y se regocijó en la promesa.

Lucas 1:45-48

*"Y bienaventurada la que creyó, porque **se cumplirán** las cosas que le fueron dichas de parte del Señor.*

Entonces María dijo: Engrandece mi alma al Señor;

y mi espíritu se regocija en Dios mi Salvador,

porque ha mirado la humilde condición de su sierva; porque he aquí, desde ahora me dirán bienaventurada todas las generaciones." (Se agregó énfasis).

En efecto, María se convirtió en la madre de nuestro Señor Jesús. Primero creyó, y después vio el cumplimiento de esa palabra, pues sucedió lo que había creido.

Antes de este suceso, el ángel Gabriel se había aparecido a Zacarías, cuya esposa Elisabet era pariente de María. Él ángel también le dijo la buena noticia de que su esposa, Elisabet, tendría un hijo, Juan el Bautista. ¿Por qué fue un milagro? Porque su esposa había sido estéril y ambos eran de edad avanzada, pero no para Dios.

Compare la respuesta de Zacarías con la de María. Ambos cuestionaron al ángel, pero ¿por qué cree que Zacarías se quedó mudo y no María?

Lucas 1:18-20 (RVR 1909)

*"Y Zacarías dijo al ángel: ¿Cómo **sabré** esto? Porque yo ya soy viejo, y mi esposa es de edad avanzada.*

Y respondiendo el ángel le dijo: Yo soy Gabriel, que estoy delante de Dios; y he sido enviado a hablarte y a darte estas buenas nuevas. Y he aquí, quedarás mudo y no podrás hablar, hasta el día en que esto se haga, por cuanto no has creído mis palabras, las cuales se cumplirán a su tiempo." (Se agregó énfasis).

¿Nota la sutil diferencia en la que ambos cuestionaron al ángel? Eso reveló el centro de sus corazones.

María dijo: *"¿Cómo será esto...?"* Esta es una pregunta abierta sobre el milagro. La expresó en asombro y no en duda. La respuesta del ángel acerca de que sucedería por el poder del Dios Altísimo despertó su fe para recibir esa palabra y alabar con gozo.

Zacarías dijo: *"¿Cómo sabré esto...?"* En otras palabras, dio a entender que necesitaba una señal para creer. Para él, las posibilidades en el plano natural superaban a la promesa en gran medida. Necesitaba ver para creer. El ángel discernió la duda en el corazón de Zacarías, y lo declaró mudo porque no creyó las palabras. La Biblia no menciona esto, pero imaginemos el daño que Zacarías pudo haber causado si hubiera tenido la habilidad de hablar y propagar sus dudas a la gente: "El ángel dijo...PERO..."

Zacarías y Tomás querían tener pruebas para creer. En el caso de Tomás, después de haber visto a Jesús en el cuerpo, ¿por qué necesitaría fe para creer?

Así que Jesús hizo esta afirmación sorprendente: ***"Bienaventurados los que no vieron y creyeron."***

Recuerde, la enfermedad es parte de la Maldición. Para experimentar la Bendición de la Sanidad, debemos creer en las promesas de Dios.

Crea en Su palabra primero, y sus ojos verán lo que Él le ha prometido.

La Clave es creer, y entonces verá.

Creemos en la Palabra de Dios antes de experimentarla.

Cuando creemos en el reporte de Dios acerca de nuestra sanidad, Él manifiesta su poder en nosotros: *"¿Quién ha creído nuestro mensaje? ¿Y a quién se ha manifestado el brazo de Jehová?"* (Isaías 53:1)

Cuando confiamos en Dios lo suficiente para creer que Su voluntad es sanarnos, veremos el milagro por el cual creemos, en el nombre de Jesús.

No podemos recibir las promesas de Dios si en nuestra perspectiva esperamos ver primero para creer, como lo hicieron Zacarías y Tomas.

Sin embargo, el tipo de fe de María acepta la palabra de Dios como la evidencia de que Él hará lo que ha prometido. *Por este tipo de fe se recibe la promesa.* El salmista lo explica perfectamente en el Salmo 56:4 (RVR 1909)

En Dios alabaré su palabra; en Dios he confiado; no temeré. ¿Qué podrá hacerme el hombre?

En efecto, no seremos avergonzados por creer en la Palabra de Dios, así como se nos garantiza en Romanos 10:11: *"Porque la Escritura dice: Todo aquel que en él cree no será avergonzado."*

¿Puede celebrar las promesas de Dios el día de hoy?

¡Alabe Sus promesas, y también se cumplirán en su vida!

CAPÍTULO 4:

Caminando en Fe

Poniendo la Fe en Acción

*L*a mujer con el flujo de sangre era una mujer común que tenía fe en Jesús. ¿Cómo podemos caminar en la misma fe radical?

Veamos de nuevo lo que hizo la mujer:

Marcos 5:27-34 (RVR 1909)

Cuando oyó hablar de Jesús, se acercó por detrás entre la multitud y tocó su manto. Porque decía: Si tocare tan sólo su manto, quedaré sana. Y al instante la fuente de sangre se secó, y sintió en el cuerpo que estaba sana de aquel padecimiento.

E inmediatamente Jesús, conociendo en sí mismo que había salido virtud de él, volviéndose a la multitud, dijo: ¿Quién ha tocado mis vestidos?

Y le dijeron sus discípulos: Ves que la multitud te aprieta, y dices: ¿Quién me ha tocado? Y él miraba alrededor para ver a la que había hecho esto.

Entonces la mujer, temiendo y temblando, sabiendo lo que en ella se había hecho, vino y se postró delante de él, y le dijo toda la verdad. Y él le dijo: Hija, tu fe te ha sanado; ve en paz, y queda sana de tu aflicción."

Era una situación desalentadora, hasta que escuchó sobre el *hacedor de milagros*: ¡Jesús! Cuando escuchó sobre Jesús, entró la fe. ¿Qué cree usted que escuchó? Probablemente le contaron que Él los estaba sanando de muchas enfermedades. Tal vez la gente le dijo que Él era el Mesías que habían estado esperando.

Ella pudo haber dicho: "He estado enferma por doce años y nada ha cambiado. He consultado a diversos médicos y gasté todo mi dinero sin tener ningún resultado." Su situación empeoró ya que, bajo las leyes Levíticas, cualquiera que la tocara sería impuro hasta la noche (Levítico 15:19). ¡Cuán solitaria y aislada debió haber estado!

Sin embargo, cuando escuchó sobre este hombre de Galilea, su fe se despertó y decidió continuar. La mujer decidió que había tenido suficiente, y dijo: "¡No dejaré que el Maestro pase de largo! ¡Este es el día de mi libertad! ¡Hoy seré sana! Si Jesús sana, entonces hoy tocaré su manto."

Así que lo siguió por en medio de la multitud y tocó Su manto. Fue un verdadero toque de fe. Jesús preguntó quien lo había tocado a pesar de que la multitud lo apretaba. Hizo esa pregunta porque sabía que de Él había salido poder.

La fe de la mujer ocasionó que saliera poder de Jesús. Ella quería tocar a Jesús, su objetivo era el manto de Jesús. Así que lo tocó, y el poder de Dios que fluyó de ese manto sanó a la mujer de inmediato.

Cuando Jesús vio que había sido ella, la elogió diciendo: *"Hija, tu fe te ha sanado; ve en paz y queda sana de tu aflicción."* Dios honra nuestra fe intrépida. Él se complace cuando nos esforzamos en fe para alcanzarlo.

En realidad, sin fe, es imposible agradar a Dios.

Hebreos 11:6

Pero sin fe es imposible agradar a Dios; porque es necesario que el que se acerca a Dios crea que él existe y que es galardonador de los que le buscan.

Crea que Él es capaz de hacerlo y que Su Palabra toda poderosa sana. ¡Que la Palabra de Dios prevalezca en su vida, en el nombre de Jesús!

Malaquías 4:2 dice: *"Mas para vosotros, los que teméis mi nombre, nacerá el Sol de justicia y en sus alas traerá sanidad; y saldréis y saltaréis como terneros del establo."*

Romanos 10:17 (RVR 1909) nos dice cómo llega la fe: *"Así que la fe viene por el oír, y el oír por la palabra de Dios. "*

Creemos lo que escuchamos con frecuencia. Para llevar una vida de fe continua, necesitará escuchar la Palabra de Dios constantemente. Creemos lo que escuchamos de fuentes confiables. La Palabra de Dios es la fuente de verdad más segura y confiable.

Además, la Palabra de Dios es la fuerza más poderosa e imponente en contra de toda enfermedad en nuestras vidas. La Palabra de Dios contiene la habilidad para ocasionar un cambio.

En Hechos 19:17-20, la enseñanza de los discípulos, junto con los milagros, trajo gran convicción de pecado:

Y esto fué notorio á todos, así Judíos como Griegos, los que habitaban en Efeso: y cayó temor sobre todos ellos, y era ensalzado el nombre del Señor Jesús. Y muchos de los que habían creído venían, confesando y dando cuenta de sus hechos. Asimismo, muchos de los que habían practicado la hechicería trajeron los libros y los quemaron delante de todos; y sacada la cuenta del precio de ellos, hallaron que era cincuenta mil denarios. Así crecía y prevalecía poderosamente la palabra del Señor.

El diccionario define la palabra "prevalecer" como: "derrotar a un oponente, especialmente en una competencia extensa o difícil."

Prevaleceremos al leer, escuchar y reflexionar acerca de la Palabra de Dios. Comienza por echar raíces en nuestros corazones. No importa cuanto tiempo ha durado su dificultad, ¡la Palabra de Dios tiene el poder para que usted prevalezca y triunfe! La Palabra de Dios prevalece sobre el miedo, el cáncer, las maldiciones, la depresión, las dolencias y enfermedades.

CAPÍTULO 5:

Los 9 Obstáculos Que Impiden La Sanidad

*C*e perjudicaríamos en gran manera si escribiéramos un libro que presenta la voluntad de Dios para sanar a Sus hijos sin advertirle sobre los impedimentos de la sanidad.

Hacer algunos cambios en su vida podrían marcar la diferencia. Como en Cantares 2:15, debemos prestar atención a la advertencia acerca de las zorras que podrían arruinar la viña: pues nuestras viñas *están* en flor.

Las zorras eran conocidas en Israel puesto que era una nación de cultivo. Las zorras más grandes no podían entrar por debajo de la cerca, pero las pequeñas entraban roendo al viñedo y causaban un daño tremendo a su tierra. Lo mismo sucede con nuestras vidas. Lo que llamamos pecados grandes podrían ser evidentes, pero podríamos estar ignorando los pequeños detalles que afectan a nuestros corazones. Esto podría estar impidiendo que las promesas de Dios se cumplan en nuestras vidas.

Estos son algunos obstáculos que podrían ser la causa de los problemas de salud continuos.

UNO: Duda, el Ladrón de Milagros

Comencemos por explorar la duda mientras estudiamos el encuentro excepcional del discípulo Pedro.

Mateo 14:22-33

Y en seguida Jesús hizo a sus discípulos entrar en la barca e ir delante de él al otro lado del lago, entre tanto que él despedía a la multitud. Y después de haber despedido a la multitud, subió al monte a orar aparte; y cuando llegó la noche, estaba allí solo. Y ya la barca estaba en medio del mar, azotada por las olas, porque el viento era contrario. Mas a la cuarta vigilia de la noche, Jesús fue a ellos andando sobre el mar.

Y los discípulos, viéndole andar sobre el mar, se turbaron, diciendo: ¡Un fantasma! Y dieron voces de miedo.

Pero en seguida Jesús les habló, diciendo: ¡Tened ánimo! ¡Yo soy, no tengáis miedo!

Entonces le respondió Pedro y dijo: Señor, si eres tú, manda que yo vaya a ti sobre las aguas.

Y él dijo: Ven. Y descendió Pedro de la barca y anduvo sobre las aguas para ir a Jesús.

Mas al ver el viento fuerte, tuvo miedo y, comenzando a hundirse, dio voces, diciendo: ¡Señor, sálvame!

Y al momento Jesús, extendiendo la mano, le sujetó y le dijo: ¡Oh hombre de poca fe! ¿Por qué dudaste?

Y cuando ellos subieron a la barca, se sosegó el viento. Entonces los que estaban en la barca vinieron y le adoraron, diciendo: Verdaderamente eres Hijo de Dios.

Una enseñanza fundamental que podemos recopilar del encuentro de Pedro en medio de la fuerte tormenta, es: En la medida que Pedro se condujera por la Palabra de Jesús, sus pies estarían sobre el agua. Siempre y cuando su mirada estuviera puesta en Jesús, él estaría caminando sobre el agua; pero cuando apartó su mirada de Jesús vio las fuertes olas y tuvo miedo, y se hundió. En ese momento las circunstancias lo dominaron. ***Cuando apartamos la mirada de Jesús, comenzamos a dudar.***

¡La dudallega justo antes del milagro para robarnos lo que Dios tiene para nosotros! ¿Cómo evitamos la duda? Mantenga su mirada en Jesús a través de la Palabra. La Palabra de Dios es la respuesta a la sanidad que necesitamos.

Juan 1:1*dice: En el principio era el Verbo, y el Verbo estaba con Dios, y el Verbo era Dios.*

Juan 1:14

Y el Verbo fue hecho carne y habitó entre nosotros (y vimos su gloria, gloria como del unigénito del Padre), lleno de gracia y de verdad.

Al enfocarnos en la Palabra de Dios, el miedo y la duda tienen que irse, ¡y recibimos el milagro!

DOS: La Falta de Arrepentimiento

1 Juan 3:6 replandece la claridad que necesitamos:

1 Juan 3:6 (RVR 1909)

Todo aquel que permanece en él, no peca; todo aquel que peca, no le ha visto ni le ha conocido. Todo aquel que practica el pecado, no ha visto ni conocido a Dios.

En esta sección, nos referimos específicamente a la persona que sabe que está pecando y lo continúa haciendo con una conciencia cauterizada. El pecado entró al mundo después de la caída del hombre, pero Cristo nos ha hecho libres de la esclavitud al pecado (Romanos 8:15). Nuestro propósito debe ser dejar la esclavitud al pecado. Un Cristiano verdadero, nacido de nuevo, busca hacer lo correcto en lugar de pecar *deliberadamente.* Una persona que peca a propósito de forma habitual, en efecto, demuestra que nunca conoció al Señor ni que fue salvo en verdad. Esta persona debe nacer de nuevo.

Cuando vivimos como esclavos al pecado, estamos bajo la influencia del enemigo. El diablo es el autor de la enfermedad, y eso le da acceso para infligir enfermedad a quien sea que caiga.

Romanos 6:15-16:

Entonces, ¿qué? ¿Pecaremos, porque no estamos bajo la ley, sino bajo la gracia? ¡De ninguna manera! ¿No sabéis que a quien os entregáis vosotros mismos por siervos para obedecerle, sois siervos de aquel a quien obedecéis, ya sea del pecado para muerte, o de la obediencia para justicia?

Jesús hizo una conexión clara entre el pecado y la enfermedad cuando sanó al hombre

Juan 5:7-9, 14

Señor, le respondió el enfermo, no tengo quien me meta en el estanque cuando se agita el agua; y entre tanto que yo voy, otro desciende antes que yo.

Jesús le dijo: Levántate, toma tu lecho, y anda.

Y al instante aquel hombre fue sanado, y tomó su lecho, y anduvo. Y era día de reposo aquel día.

*Después le halló Jesús en el templo y le dijo: He aquí, has sido sanado; **no peques más, para que no te ocurra alguna cosa peor**. (Se agregó énfasis).*

A través del pecado entró la maldición. Deuteronomio 28 expone una lista de Maldiciones y Bendiciones, y podemos ver claramente que la enfermedad es una maldición. Nuestro Señor Jesús vino a deshacer las obras del enemigo. En lugar de la Maldición que entró por causa de satanás, la Bendición es posible por medio de Jesús.

Por ello leemos en Salmos 112:1 lo siguiente:

¡Aleluya! Bienaventurado el hombre que teme a Jehová, que en sus mandamientos se deleita en gran manera.

Cuando alabamos a Dios y nos deleitamos en Su Palabra, podemos decir "no" a la tentación. La bendición elimina la maldición, y esto incluye a la enfermedad y dolencia. Tanto la bendición como la maldición son exclusivas. Esto explica porqué el hombre que teme al Señor es bendecido, y no maldecido.

El Espíritu Santo nos da el poder para vivir en santidad, esto es, consagrar nuestras vidas al señorío de Jesús.

Estas son algunas Oraciones basadas en las Escrituras que nos ayudarán a permanecer de pie mientras nos esforzamos para vivir en santidad:

Padre, te entrego mi cuerpo como un sacrificio vivo, santo, y aceptable a Ti, en el nombre de Jesús.

1 Corintios 6:19-20

¿O no sabéis que vuestro cuerpo es templo del Espíritu Santo, que está en vosotros, el que tenéis de Dios, y que no sois vuestros? Porque habéis sido comprados por precio; glorificad, pues, a Dios en vuestro cuerpo y en vuestro espíritu, los cuales son de Dios.

Padre, en el nombre de Jesús, lléname de nuevo con el espíritu de Santidad y santifícame para vivir una vida que te glorifique, en el nombre de Jesús.

Romanos 1:4

Que fue declarado Hijo de Dios con poder, según el espíritu de santidad, por la resurrección de entre los muertos, de Jesucristo Señor nuestro.

1 Timoteo 4:8

Porque el ejercicio corporal para poco es provechoso, pero la piedad para todo aprovecha, pues tiene promesa de esta vida presente y de la venidera.

En el nombre de Jesús, Padre, purifícame de toda obra de maldad para que te glorifique en mi cuerpo.

Hebreos 9:14

¿Cuánto más la sangre de Cristo, el que mediante el Espíritu eterno se ofreció a sí mismo sin mancha a Dios, limpiará vuestras conciencias de obras muertas para que sirváis al Dios vivo?

Padre, purifícame para caminar en el temor al Señor.

Isaías 11:2

Y reposará sobre él el espíritu de Jehová: espíritu de sabiduría y de entendimiento, espíritu de consejo y de fortaleza, espíritu de conocimiento y de temor de Jehová.

Padre, te pido que Tu fuego me refina y me purifique; así seré una vasija de barro ideal para Tu uso, en el nombre de Jesús.

Malaquías 3:2-3

¿Y quién podrá soportar el día de su venida?, o, ¿quién podrá estar cuando él se manifieste? Porque él es como fuego purificador y como jabón de lavadores.

Y se sentará para refinar y purificar la plata, porque purificará a los hijos de Leví; los refinará como a oro y como a plata, y ofrecerán a Jehová ofrenda en justicia.

Padre, continúa purificándome con Tu palabra.

Salmo 119:9-11

¿Con qué limpiará el joven su camino? Con guardar tu palabra. Con todo mi corazón te he buscado; no dejes que me desvíe de tus mandamientos. En mi corazón he guardado tus palabras para no pecar contra ti.

Padre, en el nombre de Jesús, te pido que me fortalezcas en lo más íntimo de mi ser para vivir de una manera que te agrade, en el nombre de Jesús.

Efesios 3:16

... para que os dé, conforme a las riquezas de su gloria, el ser fortalecidos con poder en el hombre interior por su Espíritu.

Padre, en el nombre de Jesús, santifícame en espíritu, alma y cuerpo, en el nombre de Jesús.

1 Tesalonicenses 5:23

Y el mismo Dios de paz os santifique por completo; y todo vuestro ser, y espíritu, y alma y cuerpo sea guardado irreprensible para la venida de nuestro Señor Jesucristo.

Padre, en el nombre de Jesús, renuncio a toda obra de la carne para poder servirte por completo, en el nombre de Jesús.

Romanos 8:13

Porque si vivís conforme a la carne, moriréis; pero si por el espíritu hacéis morir las obras de la carne, viviréis.

Padre, concédeme el espíritu del temor al Señor para poder disfrutar Tu escudo de protección y Tu favor, en el nombre de Jesús.

Salmo 5:12

Porque tú, oh Jehová, bendecirás al justo; lo rodearás de benevolencia como con un escudo.

Padre, lléname de poder para vivir en Tu verdad y santifícame por Tu Palabra, en el nombre de Jesús.

Juan 17:17

Santifícalos en tu verdad; tu palabra es la verdad.

Padre, lléname con el poder del Espíritu Santo para caminar en santidad, en el nombre de Jesús.

Si la iniquidad y el pecado impiden nuestro acceso a Dios, también impedirán que recibamos las respuestas a nuestras oraciones.

Salmo 66:18

Si en mi corazón hubiese yo mirado a la iniquidad, el Señor no me habría oído.

Isaías 59:1-2

He aquí que no se ha acortado la mano de Jehová para salvar, ni se ha endurecido su oído para oír; pero vuestras iniquidades han hecho separación entre vosotros y vuestro Dios, y vuestros pecados han hecho ocultar su rostro de vosotros para no oíros.

Proverbios 28:13

El que encubre sus pecados no prosperará, pero el que los confiesa y los abandona alcanzará misericordia.

Salmo 51:17

Los sacrificios de Dios son el espíritu quebrantado; al corazón quebrantado y contrito no despreciarás tú, oh Dios.

TRES: Cuide Su Cuerpo

Aunque la enfermedad puede derivar de muchas causas, es necesario que también veamos algunas de las razones naturales. Es importante ser diligentes cuando cuidamos las tres áreas de nuestras vidas: espíritu, alma y cuerpo.

1 Tesalonicenses 5:23

*Y el mismo Dios de paz os santifique por completo; y todo vuestro ser, y **espíritu**, y **alma** y **cuerpo** sea guardado irreprensible para la venida de nuestro Señor Jesucristo. (Se agregó énfasis).*

Nuestro espíritu prospera por la Palabra de Dios.

Nuestra alma, que incluye nuestra voluntad, mente y emociones, se nutre por la Palabra de Dios.

Nuestro cuerpo necesita una dieta saludable, cuidado, ejercicio y descanso.

Si nuestro espíritu, alma o cuerpo sufre una enfermedad de cualquier manera, todo nuestro cuerpo estará enfermo.

Después de que Dios les dijo a los Israelitas que Él era su Sanador, les dio reglas alimentarias para escoger los alimentos que eran buenos para ellos. De hecho, la dieta Mediterránea ha demostrado ser excelente por muchos años. También descubrirá que se puede evitar una infinidad de problemas de salud al consumir una dieta saludable.

1 Corintios 10:31

Si, pues, coméis o bebéis, o hacéis otra cosa, hacedlo todo para la gloria de Dios.

Pido que nuestras elecciones y porciones de alimentos glorifiquen a Dios. Hagamos todo para la gloria de Dios.

Cuando Jesús entró al templo en Jerusalén, lo purificó de los cambistas de dinero (Mateo 21:12-13). Usted es el templo de Dios (1 Corintios 3:16). Llenémos el templo de Dios con lo mejor y lo más limpio. Cumplamos con nuestra parte al cuidar el cuerpo que Él nos dio en esta vida.

Permita que el Padre conduzca su alimentación y observe como pierde el gusto por los alimentos poco saludables.

Como creyentes, la salud de *nuestra alma*es de gran importancia.

Nuestras relaciones influyen nuestro bienestar, así que permita que la Biblia guíe su elección de amigos, programas y el contenido que consume.

Salmo 1:1-3

Bienaventurado el hombre que no anda en consejo de malos, ni anda en camino de pecadores, ni se sienta en silla de escarnecedores,

Sino que en la ley de Jehová está su deleite, y en su ley medita de día y de noche.

Y será como árbol plantado junto a corrientes de aguas, que da su fruto a su tiempo, y su hoja no se marchita; y todo lo que hace prospera.

Guardemos nuestro corazón de cualquier cosa que pudiera robar nuestro gozo.

Proverbios 17:22

El corazón alegre hace bien como una buena medicina, pero el espíritu triste seca los huesos.

Isaías 12:3

Por tanto, sacaréis aguas con gozo de las fuentes de la salvación.

La sanidad forma parte del paquete de Savación. Camine con gozo en la salud que Dios le promete en Su Palabra.

Soluciones Naturales

Permítame compartirle una pequeña historia. Un niño que conocemos solía tener mal olor de pies; no importaba cuantas veces se cambiaba de zapatos, el olor seguía ahí. Continuó así por mucho tiempo hasta que comenzó a agravarse. ¿Sabe cómo comenzó todo? El niño solía caminar en charcos de agua, nieve, y en superficies donde había moho, y eso causó que los microorganismos tuvieran el ambiente perfecto para crecer.

Después de tratar el asunto con aceites esenciales antimicóticos, el olor desapareció. Desinfectaron sus zapatos y, finalmente, el hedor había desaparecido.

Espero que ese ejemplo le haya hecho sonreír. ¡Un poco de humor no está de más! Ahora bien, para que el niño mantenga sus pies sanos, debe dejar de pisar charcos.

Las respuestas a nuestras oraciones pueden llegar de diferentes formas conforme a lo que Dios quiera. Tal vez nos lleve a realizar cambios específicos en nuestra vida; podría instruirnos para incluir o eliminar ciertos alimentos de nuestra dieta. Incluso, Dios podría llevarnos a utilizar un tópico como la solución. Veamos un excelente ejemplo en la vida de Ezequías.

2 Reyes 20:5-7 (RVR 1909)

Vuelve, y di a Ezequías, príncipe de mi pueblo: Así dice Jehová, el Dios de David tu padre: Yo he oído tu oración, y he visto tus lágrimas: He aquí yo te sano; al tercer día subirás a la casa de Jehová. Y añadiré a tus días quince años, y te libraré a ti y a esta ciudad de mano del rey de Asiria; y ampararé esta ciudad por amor de mí, y por amor de David mi siervo. Y dijo Isaías: **Tomad masa de higos. Y tomándola, pusieron sobre la llaga, y sanó.**

Conozca al Padre. Entréguele sus problemas de salud, y Él lo guiará. Ser guiado por Dios es un privilegio que tenemos como Sus hijos.

Romanos 8:14

Porque todos los que son guiados por el Espíritu de Dios, los tales son hijos de Dios.

CUATRO: Aflicciones por Espíritus Malignos

La presencia de un espíritu maligno causa algunas enfermedades. Podemos experimentar la sanidad solo después de que el espíritu maligno se haya ido.

Echemos un vistazo a la conexión entre los espíritus malignos y la enfermedad en las siguientes escrituras:

Mateo 8:16

*Y como fue ya tarde, trajeron a él muchos endemoniados: **y echó los demonios con la palabra, y sanó a todos los enfermos;***

Mateo 9:32-33

*Y saliendo ellos, he aquí, le trajeron un hombre mudo, endemoniado. Y **echado fuera el demonio, el mudo habló**; y las gentes se maravillaron, diciendo: Nunca ha sido vista cosa semejante en Israel.*

En el suceso que estamos a punto de leer, los discípulos de Jesús se involucraron. Intentaron expulsar un demonio pero no pudieron. Después, Jesús expulsa al demonio, resultando en sanidad.

Marcos 9:26-29

Entonces el espíritu clamando y desgarrándole mucho, salió; y él quedó como muerto, de modo que muchos decían: Está muerto.

Mas Jesús tomándole de la mano, enderezóle; y se levantó.

Y como él entró en casa, sus discípulos le preguntaron aparte: ¿Por qué nosotros no pudimos echarle fuera?

Y les dijo: Este género con nada puede salir, sino con oración y ayuno.

Hemos ministrado a una cantidad de personas que estaban enfermas simplemente por opresión demoniaca.

En una ocasión, una mujer tenía migrañas constantes. El Padre nos reveló que había una actividad demoniaca causándolas. Las migrañas comenzaron después de tener una pesadilla. Cuando el demonio la dejó, la mujer fue restablecida por completo, y nunca más volvió a tener un episodio de migraña.

Es imprescindible ser un Cristiano consagrado después de que un espíritu maligno ha sido expulsado. Veamos la razón en los siguientes versículos:

Mateo 12:43-45

*Cuando el espíritu inmundo ha salido del hombre, anda por lugares secos, buscando reposo, y no lo halla. Entonces dice: Me volveré a mi casa de donde salí: y cuando viene, la halla desocupada, barrida y adornada. Entonces va, y toma **consigo otros siete espíritus peores que él**, y entrados, moran allí; **y son peores las cosas últimas del tal hombre que las primeras:** así también acontecerá a esta generación mala.*

Busque ayuda de su pastor, quien está capacitado en la Autoridad del Creyente. ¡Ya no sufra más!

CINCO: Deshonrando al Ungido de Dios.

¿Quién pudo haber llevado la vida perfecta en la faz de la tierra, sino nuestro Señor Jesús, completamente Dios y hombre? Sin embargo, las personas de su propio pueblo, Nazaret, lo deshonraron. ¿Cómo era posible que Jesús, a quien conocían desde pequeño, y que probablemente había trabajado en la carpintería junto con José, de repente se declare el hijo de Dios? Por ende, Jesús no pudo realizar milagros en ese lugar, a excepción de algunas leves enfermedades, quizá dolores de cabeza y resfriados. Pero las personas con enfermedades graves, como cáncer y de médula ósea, tal vez no pudieron recibir sanidad.

Marcos 6:1-6 RVR (1909)

Y salió de allí, y vino a su tierra, y le siguieron sus discípulos. Y llegado el sábado, comenzó a enseñar en la sinagoga; Y muchos oyéndole, estaban atónitos, diciendo: ¿De dónde tiene éste estas cosas? ¿Y qué sabiduría es ésta que le es dada, y tales maravillas que por sus manos son hechas? ¿No es éste el carpintero, hijo de María, hermano de Jacobo, y de José, y de Judas, y de Simón? ¿No están también aquí con nosotros, sus hermanas? Y se escandalizaban en él.

*Mas Jesús les decía: **No hay profeta deshonrado sino en su tierra, y entre sus parientes, y en su casa.** Y no pudo hacer allí alguna maravilla; solamente sanó unos pocos enfermos, poniendo sobre ellos las manos. **Y estaba maravillado de la incredulidad de ellos.** Y rodeaba las aldeas de alrededor, enseñando. (Se agregó énfasis).*

Jesús fue deshonrado en su propio pueblo. Aquellos que estaban cerca de Jesús lo rechazaron. Se habían acostumbrado a Él.

Es imposible recibir algo a través de un verdadero siervo de Dios que deshonramos.

Sería bueno que consideremos a Ana, la madre del profeta Samuel.

En su desesperación por un hijo, clamó a Dios en el templo y fue escuchada por Elí, el sacerdote. Elí no era el siervo perfecto en lo absoluto, como lo dice la Biblia, pues ni siquiera disciplinaba a sus hijos. Sin embargo, cuando bendijo a Ana, ella lo recibió como si viniera de un hombre de Dios, y concibió a Samuel. Ana incluso le entregó a Samuel al Señor cuando era pequeño, y se lo encomendó a Eli, respetando su cargo.

Recuerde, es la unción de Dios obrando a través de un instrumento.

Un hombre o una mujer de Dios ungida es una representación de Dios. Por lo tanto, debemos honrar a ese hombre o mujer. Muchos han caido enfermos por hablar en contra de los ungidos de Dios. Si comete este pecado, será el primero en saber. Si no recuerda haber deshonrado a un hombre ungido por Dios, entonces es probable que no lo haya hecho.

Si ha deshonrado a un siervo de Dios en acción, palabra o en su corazón, haga lo correcto. Si todavía vive, le recomiendo buscar una manera para pedirle perdón, o bien, que El Señor lo guíe en caso de que hayan partido.

En el Antiguo Testamento, vemos dos ejemplos significativos donde a Dios le desagrada cuando deshonran a sus siervos. Muchos recordarán a Miriam, la hermana de Moisés, quien sufrió de lepra cuando, junto con Aarón, habló en contra de Moisés por haberse casado con la mujer egipcia.

Números 12:1-2, 9-11

Y hablaron Miriam y Aarón contra Moisés a causa de la mujer egipcia que había tomado: porque él había tomado mujer egipcia. Y dijeron: ¿Solamente por Moisés ha hablado Jehová? ¿no ha hablado también por nosotros? Y oyólo Jehová.

Entonces el furor de Jehová se encendió en ellos; y fuése.

Y la nube se apartó del tabernáculo: y he aquí que Miriam era leprosa como la nieve; y miró Aarón á Miriam, y he aquí que estaba leprosa.

Y dijo Aarón a Moisés: ¡Ah! señor mío, no pongas ahora sobre nosotros pecado; porque locamente lo hemos hecho, y hemos pecado.

Sucedió lo mismo en Números 21:5-6 cuando los hijos de Israel fueron castigados con serpientes por hablar en contra de Moisés.

Muchos han caido enfermos debido a la falta de conocimiento sobre la conexión que existe entre nuestra salud y la honradez hacia los ungidos de Dios. Reciba la verdad que ha llegado a libertarlo. El enemigo no puede mantenerlo en esclavitud ahora que la Palabra lo ha iluminado acerca de este asunto.

Romanos 14:4

¿Tú quién eres que juzgas al siervo ajeno? Para su señor está en pie, o cae: Mas se afirmará; que poderoso es el Señor para afirmarle.

Es Dios quien llamó a Sus siervos. Así que oremos por ellos para que El Padre los fortalezca para permanecer de pie.

Impidiendo la Obra de Dios

Tanto la deshonra del ungido de Dios como el impedimento de Su obra puede abrir la puerta a la enfermedad.

Por ejemplo, provocar discordia entre los creyentes, o bien, oponerse a la fomentación del evangelio podrían abrir la puerta a la enfermedad.

Hechos 13:7-11

El cual estaba con el procónsul Sergio Paulo, varón prudente. Este, llamando a Bernabé y a Saulo, deseaba oir la palabra de Dios. Mas les resistía Elimas el encantador (que así se interpreta su nombre), procurando apartar de la fe al procónsul.

Entonces Saulo, que también es Pablo, lleno del Espíritu Santo, poniendo en él los ojos, Dijo: Oh, lleno de todo engaño y de toda maldad, hijo del diablo, enemigo de toda justicia, ¿no cesarás de trastornar los caminos rectos del Señor?

Ahora pues, he aquí la mano del Señor es contra ti, y serás ciego, que no veas el sol por tiempo. Y luego cayeron en él obscuridad y tinieblas; y andando alrededor, buscaba quién le condujese por la mano.

Todo el que conociera a Elimas, se preguntaría porqué perdió la vista de repente. Pablo, a través del poder del Espíritu Santo, pudo discernir las intenciones del hombre.

1 Corintios 2:11

Porque ¿quién de los hombres sabe las cosas del hombre, sino el espíritu del hombre que está en él? Así tampoco nadie conoció las cosas de Dios, sino el Espíritu de Dios.

Conforme estudiamos estas escrituras, pido que el Padre le recuerde algo que haya dicho o hecho: No lo ignore. Efesios 4:27 dice: *"Ni deis lugar al diablo."*

Muchos han considerado algunos problemas de salud como incurables, pero un corazón arrepentido cambiará la situación.

SEIS: Orgullo

En el libro de 2 Reyes, aprendemos sobre un gran general del ejército llamado Naamán.

2 Reyes 5:1

Naamán, general del ejército del rey de Siria, era gran varón delante de su señor, y en alta estima, porque por medio de él había dado Jehová salvamento a la Siria. Era este hombre valeroso en extremo, pero leproso.

En este suceso, se dará cuenta que este general de alto rango casi perdió una oportunidad para ser sanado debido a una predisposición de orgullo. Había ido a la ciudad del profeta Eliseo y esperaba que saliera para ministrarle. Le tomó por sorpresa que Eliseo, en lugar de salir a su encuentro, le haya enviado la instrucción de lavarse en el Jordán para recibir su sanidad.

Veamos como reaccionó Naamán después de ese "insulto":

2 Reyes 5:11-15

Y Naamán se fué enojado, diciendo: He aquí yo decía para mí: Saldrá él luego, y estando en pie invocará el nombre de Jehová su Dios, y alzará su mano, y tocará el lugar, y sanará la lepra.

Abana y Farfar, ríos de Damasco, ¿no son mejores que todas las aguas de Israel? Si me lavare en ellos, ¿no seré también limpio? Y volvióse, y fuése enojado.

Mas sus criados se llegaron á él, y habláronle, diciendo: Padre mío, si el profeta te mandara alguna gran cosa, ¿no la hicieras? ¿Cuánto más, diciéndote: Lávate, y serás limpio?

El entonces descendió, y zambullóse siete veces en el Jordán, conforme á la palabra del varón de Dios: y su carne se volvió como la carne de un niño, y fué limpio.

Y volvió al varón de Dios, él y toda su compañía, y púsose delante de él, y dijo: He aquí ahora conozco que no hay Dios en toda la tierra, sino en Israel. Ruégote que recibas algún presente de tu siervo.

Naamán estuvo cerca de perder su milagro, pero lo bueno fue que se humilló e hizo lo que se le había pedido.

La buena noticia es que, cuando hay un cambio en el corazón, Dios le recibirá.

Dios es el sanador, y para recibir sanidad necesitamos someternos a las instrucciones de Dios.

Santiago 4:6-7

Mas él da mayor gracia. Por esto dice: Dios resiste a los soberbios, y da gracia a los humildes. Someteos pues a Dios; Resistid al diablo, y de vosotros huirá.

Tengamos un corazón humilde. El orgullo hará que Dios lo resista, y si es así, sus oraciones no serán contestadas. Por otro lado, a Dios le agrada un corazón contrito y humilde.

SIETE: Falta de Perdón

Una cosa de la que puede estar seguro en esta vida es que las ofensas llegarán.

Lucas 17:1

Y a sus discípulos dice: Imposible es que no vengan escándalos; mas ¡ay de aquél por quien vienen!

No estoy restando importancia al dolor que otros nos pueden causar. Algunos pueden ocasionar efectos devastadores, como heridas físicas y emocionales. Pero Dios ha instituido un camino poco habitual para salir de esa experiencia: El perdón.

Nuestro Señor Jesús, en el capítulo más conocido sobre la montaña, compartió milagros impresionantes que solo se podían ver en virtud de la fe:

Marcos 11:23

Porque de cierto os digo que cualquiera que dijere a este monte: Quítate, y échate en la mar, y no dudare en su corazón, mas creyere que será hecho lo que dice, lo que dijere le será hecho.

De la misma manera, después de esa promesa espectacular, continuó con una advertencia, la cual es la razón por la que no vemos las respuestas que deseamos. Había muchas advertencias que Jesús nos pudo haber dado. Sin embargo, la que más nos sorprende de todas, aquella que tal vez es la razón por la que no recibimos respuestas y que nos hace cuestionar nuestras oraciones, es *la falta de perdón*.

Marcos 11:24-25

*Por tanto, os digo que todo lo que orando pidiereis, creed que lo recibiréis, y os vendrá. **Y cuando estuviereis orando, perdonad**, si tenéis algo contra alguno, para que vuestro Padre que está en los cielos os perdone también a vosotros vuestras ofensas. (Se agregó énfasis).*

Aferrarse a la falta de perdón en su espíritu le impedirá recibir sanidad.

Perdonar no significa que el ofensor está en lo correcto, pero nos libera para recibir la bendición que Dios tiene guardada para nosotros.

OCHO: Agravios Sin Enmendar

A Dios le interesa infinitamente cómo tratamos a otras personas. Aunque muchos podrían decir que han confesado su pecado al Padre, las escrituras nos piden que enmendemos nuestros errores. Hacer esto puede variar dependiendo del caso; pero cuando pedimos perdón e intentamos enmendar nuestros agravios con sinceridad, agradamos al Padre.

Santiago 5:16

***Confesaos vuestras faltas unos a otros**, y rogad los unos por los otros, para que **seáis sanos**; La oración del justo, obrando eficazmente, puede mucho. (Se agregó énfasis).*

Echemos un vistazo a más escrituras que muestran como nuestras relaciones pueden impedir la respuesta a la oración:

Mateo 25:40

Y respondiendo el Rey, les dirá: De cierto os digo que en cuanto lo hicisteis a uno de estos mis hermanos pequeñitos, a mí lo hicisteis.

A Jesús le importa cómo nos tratamos los unos a los otros.

1 Pedro 3:7 nos recuerda lo siguiente:

Vosotros maridos, semejantemente, habitad con ellas según ciencia, dando honor á la mujer como á vaso más frágil, y como á herederas juntamente de la gracia de la vida; **para que vuestras oraciones no sean impedidas**. *(Se agregó énfasis).*

Pedro nos dice que una razón que **impide las oraciones** del esposo es que deshonra su esposa.

Ahora que hemos dejado en claro la gran importancia de nuestras relaciones, veamos una última escritura acerca de este asunto:

Mateo 5:22-24

Mas yo os digo, que cualquiera que se enojare locamente con su hermano, será culpado del juicio; y cualquiera que dijere á su hermano, Raca, será culpado del concejo; y cualquiera que dijere, Fatuo, será culpado del infierno del fuego.

Por tanto, si trajeres tu presente al altar, y allí te acordares de que tu hermano tiene algo contra ti, **Deja allí tu presente delante del altar, y vete, vuelve primero en amistad con tu hermano, y entonces ven y ofrece tu presente.**

Dios, que responde nuestras oraciones, requiere de una cosa antes de venir a Él con un sacrificio (diezmos, ofrendas u oraciones): Enmendar los agravios que ha causado a otros en el momento que El Señor se lo revele.

Reconcíliese con las personas implicadas, y después venga Padre en oración. Solo así estará listo para tener tiempos de oración fructíferos, y llevar una vida de oración donde constantemente veremos las respuestas a nuestras oraciones.

NUEVE: Cristianismo Tibio

Un Cristiano tibio es aquel que puede tener un extenso conocimiento sobre la Palabra de Dios, pero elige desobedecer.

Vea lo que Jesús dice acerca de esto:

"Mas porque eres tibio, y no frío ni caliente, te vomitaré de mi boca." (Apocalipsis 3:16)

La iglesia de Laodicea era exitosa en el aspecto material, pero eran ignorantes sobre su verdadera condición espiritual:

Apocalipsis 3:17-18 (RVR 1909)

Porque tú dices: Yo soy rico, y estoy enriquecido, y no tengo necesidad de ninguna cosa; y no conoces que tú eres un cuitado y miserable y pobre y ciego y desnudo; Yo te amonesto que de mí compres oro afinado en fuego, para que seas hecho rico, y seas vestido de vestiduras blancas, para que no se descubra la vergüenza de tu desnudez; y unge tus ojos con colirio, para que veas.

Curiosamente, los Laodicenses se habían enorgullecido en su escuela médica por haber producido el famoso colirio. Pero eran inconscientes de su ceguera espiritual. Ahora bien, sé que ninguno de los que están leyendo este libro quisiera que Dios lo escupiera o vomitara de Su boca; más bien, queremos que Él nos ame y aprecie.

Si Dios nuestro sanador lo escupe de Su boca, ¿a dónde irá para recibir su sanidad?

Por lo tanto, dejemos atrás todo lo que nos estorba y aferrémonos a Él. Dios conoce las verdades que se nos han sido reveladas en Su Palabra. Cuando conocemos la verdad, Dios espera que caminemos en ella:

El pecado, pues, está en aquel que sabe hacer lo bueno, y no lo hace. (Santiago 4:17)

¡Reciba la gracia para ser un hacedor de la palabra, en el nombre de Jesús!

CAPÍTULO 6

Un Mejor Pacto

La Sanidad en el Antiguo Testamento

$\mathcal{E}$n el Antiguo Testamento, Dios le entregó este mandamiento a los hijos de Israel:

Éxodo 15:26 (RVR 1909)

Y dijo: Si oyeres atentamente la voz de Jehová tu Dios, e hicieres lo recto delante de sus ojos, y dieres oído a sus mandamientos, y guardares todos sus estatutos, ninguna enfermedad de las que envié a los Egipcios te enviaré a ti; Porque yo soy Jehová tu Sanador.

Les había prometido que todo lo que tenían que hacer era prestar atención atentamente a Su voz; es decir, obedecer su palabra, y él los protegería de las plagas que había enviado a los egipcios, pues Él era su Sanador.

Además de sanar enfermedades, también los bendeciría con fertilidad y una vida próspera.

Éxodo 23:25-26

Mas a Jehová vuestro Dios serviréis, y él bendecirá tu pan y tus aguas; y yo quitaré toda enfermedad de en medio de ti. No habrá mujer que aborte, ni estéril en tu tierra; y yo cumpliré el número de tus días.

La confirmación de esta promesa se encuentra en Deuteronomio 7:13-15:

Y te amará, y te bendecirá, y te multiplicará, y bendecirá el fruto de tu vientre, y el fruto de tu tierra, y tu grano, y tu mosto, y tu aceite, la cría de tus vacas, y los rebaños de tus ovejas, en la tierra que juró a tus padres que te daría.

Bendito serás más que todos los pueblos: no habrá en ti varón ni hembra estéril, ni en tus bestias.

Y quitará Jehová de ti toda enfermedad; y todas las malas plagas de Egipto, que tú sabes, no las pondrá sobre ti, antes las pondrá sobre todos los que te aborrecieren.

Dios prometió bendecir el fruto de su tierra y a su ganado. Él prometió bendecir el trabajo de sus manos, permitiendo que también su ganado fuera fructífero.

Una mujer que ministramos se aferró a estos versículos después de haber tenido varios abortos espontáneos. ¡Y Dios la bendijo con su hijo, tal como lo prometió en Su Palabra! Estas bendiciones son la voluntad perfecta de Dios para nuestras vidas. Su bendición prospera todo lo que nos concierne, incluyendo nuestra salud

Una Elección: Bendición o Maldición - Vida o Muerte

En el acuerdo de Dios con los hijos de Israel, les dio la libertad de escoger: "He puesto delante de ti la vida y la muerte, bendición o maldición. Escoge cuál camino seguir." (Deuteronomio 30:19) Si hubieran seguido Su camino, hubieran caminado en la perfecta salud divina que Él les había provisto, tanto en la salud como en todos los beneficios del pacto que hizo con ellos:

Salmo 103:3-5 (RVR 1909)

Él es quien perdona todas tus iniquidades,

Él que sana todas tus dolencias; Él que rescata del hoyo tu vida, Él que te corona de favores y misericordias;

Él que sacia de bien tu boca de modo que te rejuvenezcas como el águila.

¡Piénselo! Él lo corona de favores y misericordias, sacia de bien su boca con bondades, lo fortalece y rejuvenece como el águila.

Las Bendiciones en el Nuevo Pacto

Jesús es la Palabra de Dios enviada a nosotros en el Nuevo Pacto. Él es Dios manifestado en la carne para traer sanidad y libertad a la humanidad. Él habitó entre nosotros y reveló su gracia y verdad.

En el principio era el Verbo, y el Verbo era con Dios, y el Verbo era Dios... Y aquel Verbo fué hecho carne, y habitó entre nosotros (y vimos su gloria, gloria como del unigénito del Padre), lleno de gracia y de verdad. (Juan 1:1, 14)

Tal vez se preguntarán, "¿También tenemos derecho a la sanidad en el Nuevo Pacto?"

Por su puesto, eso y mucho más. La Biblia dice que tenemos un mejor pacto establecido sobre mejores promesas:

Hebreos 8:6 (RVR 1909)

Mas ahora tanto mejor ministerio es el suyo, cuanto es mediador de un mejor pacto, el cual ha sido formado sobre mejores promesas.

Jesús es el Mediador de un mejor pacto establecido en mejores promesas. Él pagó el precio para que pudiéramos caminar en salud, de acuerdo a este nuevo pacto. Él quiere que caminemos en las promesas que compró para nosotros: libertad de enfermedades, padecimientos, y mucho más.

Veamos un ejemplo de la vida cotidiana: Un billete de 100 dólares es mucho mejor que uno de 10, ya que, en una tienda de supermercado, tendría más poder sobre sus compras, pero todos los productos serían los mismos. En ese mismo sentido, considere todas las promesas de sanidad en el antiguo pacto. Si el nuevo pacto es mejor (y en verdad lo es), entonces como Cristianos podemos experimentar más de lo que fue prometido en el antiguo pacto. Sí, podemos, y deberíamos, caminar en la victoria sobre el área de sanidad.

Cristo Se Hizo Maldición

Al inicio de este capítulo, vemos que los hijos de Israel debían tomar una decisión: caminar en bendición o maldición. Esa sublime gracia en el Nuevo Pacto es que Jesús mismo se hizo maldición para que pudiéramos caminar en LA BENDICIÓN.

Gálatas 3:13-14 (RVR 1909)

Cristo nos redimió de la maldición de la ley, hecho por nosotros maldición; (porque está escrito: Maldito cualquiera que es colgado en madero) para que la bendición de Abraham fuese sobre los Gentiles en Cristo Jesús; para que por la fe recibamos la promesa del Espíritu.

Jesús se hizo pecado. Él se hizo maldición por nosotros para que la bendición de Abraham llegara sobre nosotros, los gentiles, y recibamos la promesa del Espíritu a través de la fe. *La enfermedad era parte de la maldición de la ley. Entonces, si hemos sido redimidos de esa maldición, ahora somos sanos por la sangre de Jesús.*

En la cruz sucedió un intercambio divino.

2 Corintios 8:9 (RVR 1909)

Porque ya sabéis la gracia de nuestro Señor Jesucristo, que por amor de vosotros se hizo pobre, siendo rico; para que vosotros con su pobreza fueseis enriquecidos.

Además de tomar mi pobreza, tomó cada maldición sobre mi vida.

Jesús se hizo maldición para que yo pudiera caminar en la bendición.

Jesús se hizo pobre para que yo pudiera ser liberado de la pobreza.

Jesús llevó la enfermedad para que yo pudiera caminar en salud.

¡Qué intercambio tan sublime! ¡Ahora podemos recibir la bendición del Nuevo Pacto como hijos de Dios!

Dios es un Padre bondadoso.

¿Cuántos padres bondadosos quisieran ver a sus hijos enfermos o sin tener alimento para comer? Ningún padre bondadoso desearía eso para sus hijos, ¿cierto? ¡Cuánto más quiere nuestro Padre celestial que seamos sanos!

Nuestro Padre es mucho más compasivo que el mejor padre en el mundo.

Mateo 7:9-11 (RVR 1909)

¿Qué hombre hay de vosotros, a quien si su hijo pidiere pan, le dará una piedra? ¿Y si le pidiere un pez, le dará una serpiente? Pues si vosotros, siendo malos, sabéis dar buenas dádivas a vuestros hijos, ¿cuánto más vuestro Padre que está en los cielos, dará buenas cosas a los que le piden?

De nuevo verá al corazón del Padre resplandecer en estos versículos:

Isaías 49:15-16 (RVR 1909)

*¿Olvidaráse la mujer de lo que parió, para dejar de compadecerse del hijo de su vientre? Aunque se olviden ellas, yo no me olvidaré de ti. He aquí que **en las palmas te tengo esculpida:** delante de mí están siempre tus muros.*

Dios nos ama más de lo que pudiéramos imaginar. La Biblia dice: "*El que aun a su propio Hijo no perdonó, antes le entregó por todos nosotros, ¿cómo no nos dará también con él todas las cosas?*" (Romanos 8:32) Él es el Padre celestial que se preocupa por sus hijos y cuida cada área de nuestras vidas. Eso incluye la sanidad.

Sírvale con todo su corazón Y obedézcalo en la mayor medida, pues Jesús nunca lo dejará ni abandonará. Caminemos en la plenitud de todo lo que ha sido comprado por nosotros, y enfoquémonos en que la sanidad es la voluntad de Dios.

Encontramos seguridad sobre esto en Santiago 5:14-16 (RVR 1909):

*¿Está alguno enfermo entre vosotros? Llame a los ancianos de la iglesia, y oren por él, ungiéndole con aceite en el nombre del Señor. Y la oración de fe salvará al enfermo, y el Señor lo levantará; Y si estuviere en pecados, le serán perdonados. **Confesaos vuestras faltas** unos a otros, y rogad los unos por los otros, **para que seáis sanos;** La*

oración del justo, obrando eficazmente, puede mucho. (Se agregó énfasis).

El perdón de pecados y la sanidad son otorgados al mismo tiempo. Este es el mismo principio que vemos en el Salmo 103.

Salmo 103:3 (RVR 1909)

El es quien perdona todas tus iniquidades,

El que sana todas tus dolencias;

El mismo Padre que perdona pecados es el mismo que sana nuestras enfermedades. Esta es una verdad significativa que lo cambia todo.

El Aceite de Unción y la Oración de Fe

Ahora veamos este mismo mensaje en Santiago 5:14-15 sobre el aceite de Unción y la Oración de fe. Otra manera en la que uno puede recibir sanidad es cuando los ancianos o pastores de la iglesia oran en fe en el nombre de Jesús y utilizan el aceite de unción.

Santiago 5:14-15

*¿Está alguno enfermo entre vosotros? llame a los ancianos de la iglesia, y oren por él, **ungiéndole con aceite** en el nombre del Señor.*

Y la oración de fe salvará al enfermo, y el Señor lo levantará; y si estuviere en pecados, le serán perdonados.

Observe los puntos claves:

- Los ancianos ungen al enfermo con aceite.
- Claman el nombre de Jesús.
- La oración de fe salva cuando creemos que la sanidad ya ha sido comprada para la persona por quien se ora.

Entonces, el SEÑOR lo levantará. Gloria a Dios.

Recuerdo una ocasión cuando una mujer vino al frente para que pusiéramos las manos sobre ella durante un servicio de unción. Más tarde, testificó para la gloria de Dios que había sido sanada del dolor que tenía en el pecho, para la Gloria de Dios.

En otra ocasión, una madre llegó a su casa con el aceite de unción que había recibido cuando oraron por ella en la iglesia. Esa semana su hijo vino a ella, quejándose de dolor e hinchazón. Entonces, la madre aplicó el aceite de unción en el área afectada del cuerpo de su hijo. Poco después, le preguntó a su hijo cómo se sentía.

Los niños siempre son sinceros: ¡le dijo que su dolor había desaparecido, para la gloria de Dios!

Sanidad Para Todos

Recuerde al profeta. Isaías dice que Jesús tomó nuestras dolencias y cargó con nuestras enfermedades (Isaías 53:5).

¡Nos amó tanto que cargó con nuestras enfermedades!

Observe que el mismo verso se cita en 1 Pedro 2:24 con el verbo en tiempo pasado. La Biblia dice: ¡Por sus heridas ustedes han sido sanados! Considere el hecho que Jesús tomó nuestras dolencias y enfermedades en la cruz. Si en ese entonces fui sanado, también ahora soy sano. ¡Jesús pagó nuestra sanidad POR COMPLETO!

Echemos un vistazo a este extraordinario acontecimiento donde Jesús responde a las demandas de una gran fe:

Mateo 15:21-28 (RVR 1909)

Saliendo Jesús de allí, se fue a la región de Tiro y de Sidón. Y he aquí una mujer cananea que había salido de aquella región clamaba, diciéndole: ¡Señor, Hijo de David, ten misericordia de mí! Mi hija es gravemente atormentada por un demonio.

Pero Jesús no le respondió palabra. Entonces acercándose sus discípulos, le rogaron, diciendo: Despídela, pues da voces tras nosotros.

Él respondiendo, dijo: No soy enviado sino a las ovejas perdidas de la casa de Israel.

Entonces ella vino y se postró ante él, diciendo: ¡Señor, socórreme!

*Respondiendo él, dijo: No está bien tomar **el pan de los hijos**, y echarlo a los perrillos.*

Y ella dijo: Sí, Señor; pero aun los perrillos comen de las migajas que caen de la mesa de sus amos.

Entonces respondiendo Jesús, dijo: Oh mujer, grande es tu fe; Hágase contigo como quieres. Y su hija fue sanada desde aquella hora. (Se agregó énfasis).

Jesús dijo: "No soy enviado sino a las ovejas perdidas de la casa de Israel. Es ahí a donde Dios me envió." A pesar de las palabras de Jesús, esta mujer se rehusó a darse por vencida. Ella clamó por misericordia cuando dijo: "¡Señor, ayúdame!" Jesús, al ver su gran fe, le extendió Su misericordia.

Jesús primero le respondió: "No está bien tomar el pan de los hijos, y echarlo a los perrillos."

Ella de inmediato le respondió: "Sí, Señor. Lo que has dicho es verdad, pero aun los perrillos se alimentan de las migajas que caen de la mesa de sus amos."

Jesús puso a prueba la fe de la mujer, pero su fe permaneció intacta. ¡Ella persistió!

"Hoy es el día de la liberación de mi hija. Los judíos podrán tener todo el pan disponible, pero tomaré las migajas y haré lo necesario."

Jesús le respondió: "Oh mujer, grande es tu fe; hágase contigo como quieres."

Es importante aclarar que el término *perrillos* se refería a *pagano* o *gentil*. Pero ahora la sanidad había sido extendida a los gentiles. Por el sacrificio de Jesús, la salvación (que incluye sanidad) ahora es posible tanto para gentiles como judíos.

Nuestro Pastor y Sanador

Algunos de los versículos en el libro de Salmos eran mesiánicos, ya que apuntaban a lo que Dios cumpliría en la persona de Cristo.

Salmo 23

Jehová es mi pastor; nada me faltará. En lugares de delicados pastos me hará descansar; junto a aguas de reposo me pastoreará. Confortará mi alma; Me guiará por sendas de justicia por amor de su nombre. Aunque ande en valle de sombra de muerte, no temeré mal alguno, porque tú estarás conmigo; Tu vara y tu cayado me infundirán aliento. Aderezas mesa delante de mí en presencia de mis angustiadores; unges mi cabeza con aceite; mi copa está rebosando. Ciertamente el bien y la misericordia me seguirán todos los días de mi vida, y en la casa de Jehová moraré por largos días.

Acérquese a ese banquete que el Padre prepara para usted, y reciba su sanidad en medio de la crísis de salud. La sanidad es el pan de los hijos, y usted es un hijo de Dios a quien le pertenece la sanidad, ¡en el nombre de Jesús!

Antes de que Jesús partiera, dijo: *"... Y he aquí yo estoy con vosotros todos los días, hasta el fin del mundo."* (Mateo 28:20 RVR 1909) Él nunca nos dejará ni nos abandonará.

La liberación es el pan de los hijos, y está a la mesa.

En sentido figurado, el banquete de sanidad y liberación ha sido posible por medio de la redención para cada hijo de Dios.

Como hijo de Dios, acérquese con toda confianza a la mesa y reciba la sanidad que Jesús compró para usted.

Medite en estas verdades hasta que usted las comprenda.

Efesios 1:17-19

Para que el Dios de nuestro Señor Jesucristo, el Padre de gloria, os dé espíritu de sabiduría y de revelación en el conocimiento de él, alumbrando los ojos de vuestro entendimiento, para que sepáis cuál es la esperanza a que él os ha llamado, y cuáles las riquezas de la gloria de su herencia en los santos, y cuál la supereminente grandeza de su poder para con nosotros los que creemos, según la operación del poder de su fuerza.

CAPÍTULO 7:

Las claves Bíblicas para Permanecer Sano

Reciba a Jesús como su Señor y Salvador

L a salvación es un regalo que está disponible para aquellos que se arrepienten, confiesan a Jesús como Señor y Salvador, y creen que murió y resucitó de los muertos para salvar a la humanidad. Vea como el autor lo describe en pocas palabras en Hechos 16:31:

Ellos dijeron: Cree en el Señor Jesucristo, y serás salvo, tú y tu casa.

Este regalo no se puede obtener por medio de buenas obras o siendo una buena persona (Efesios 2:8). Es un asunto de fe en el que se conduce conforme a lo que usted cree sobre la salvación.

Para recibir a Jesús como su Señor y Salvador, haga la siguiente oración:

Padre Celestial, vengo ante Ti en el Nombre de Jesús. Tu Palabra dice: "Y todo aquel que invocare el nombre del Señor, será salvo." (Hechos 2:21 RVR 1909)

Te invoco en este momento. Te pido que Jesús entre a mi corazón y sea Señor sobre mi vida de acuerdo a lo que dice en Romanos 10:9: "Que si confesares con tu boca que Jesús es el Señor, y creyeres en tu corazón que Dios le levantó de los muertos, serás salvo."

Lo hago en este momento. Confieso que Jesús es Señor, y creo en mi corazón que Dios lo levantó de los muertos. Recibo a Jesús como mi Señor y Salvador

Si acaba de hacer esa oración de Salvación, ¡bienvenido a la familia de Dios! ¡Ahora es salvo!

Permanezca en el Perdón

Algunos capítulos atrás, tocamos el tema de la importancia del perdón, pero me impresiona que el Espíritu Santo me lo recuerde ahora: El perdón es de gran importancia. Si viviera por siempre en un estado de *falta de perdón*, le estaría haciendo un favor a alguien. Ese "alguien" es el diablo. ¿Sabe por qué? Cuando usted persiste en la falta de perdón, él sabe que eso puede impedir sus oraciones.

El perdón tiene una función significativa cuando creemos en fe que recibiremos nuestra sanidad. Para ver lo imposible suceder, mover montañas, y ver el cumplimiento de la sanidad que esperamos, debemos perdonar. El perdón se interpone entre muchos enfermos y su milagro. La buena noticia es que Dios nos fortalece para perdonar, incluso a aquellos que nos ofendieron en gran manera. Si estamos dispuestos, Dios nos sana cuando obedecemos en esta área y se lo entregamos todo a Él.

En los siguientes versículos, Jesús recalca a los creyentes que un impedimento para recibir las respuestas a nuestras oraciones, incluyendo la sanidad, es permanecer en un estado de falta de perdón. Jesús nos advierte sobre esto. Sí, como creyentes, podemos creer que todo es posible, sin embargo Jesús emplea una condición en los versículos 25 y 26.

Marcos 11:23-26

Porque de cierto os digo que cualquiera que dijere a este monte: Quítate, y échate en la mar, y no dudare en su corazón, mas creyere que será hecho lo que dice, lo que dijere le será hecho.

Porque de cierto os digo que cualquiera que dijere a este monte: Quítate, y échate en la mar, y no dudare en su corazón, mas creyere que será hecho lo que dice, lo que dijere le será hecho.

Y cuando estuviereis orando, perdonad, si tenéis algo contra alguno, para que vuestro Padre que está en los cielos os perdone también a vosotros vuestras ofensas.

Porque*si vosotros no perdonareis, **tampoco vuestro Padre** que está en los cielos os perdonará vuestras ofensas. (Se agregó énfasis).*

Tal vez usted alegue: "No tiene idea de lo que me hicieron."

Y yo le digo: También me he encontrado en esa situación. Escuche: Esa persona ya robó su pasado por las cosas que usted sufrió. Si continúa meditando en el dolor y el rechazo que le causaron, también le robará su paz y gozo. Entonces, ¿por qué le permitiría robar también su futuro?

Nuestro Señor Jesús fue el ejemplo de perdón. Sí, fue rechazado, maltratado y crucificado por nosotros. Cuando Jesús estuvo ante Pilato, frente al pueblo que vino a salvar, escuchó las siguientes palabras: "*¡Crucifícalo! ¡Crucifícalo!*" (Lucas 23:21) Sin embargo, Él nos perdonó. Fue a través de Su obediencia que hoy podemos caminar en la salvación.

Hebreos 12:1-3

*Por tanto nosotros también, teniendo en derredor nuestro una tan grande nube de testigos, **dejando todo el peso del pecado que nos rodea**, corramos con paciencia la carrera que nos es propuesta, Puestos los ojos en al autor y consumador de la fe, en Jesús; el cual, **habiéndole sido propuesto gozo, sufrió la cruz, menospreciando la vergüenza**, y sentóse a la diestra del trono de Dios.*

Reducid pues á vuestro pensamiento á aquel que sufrió tal contradicción de pecadores contra sí mismo, porque no os fatiguéis en vuestros ánimos desmayando. (Se agregó énfasis).

La Biblia nos dice que Jesús fue tentado en el cuerpo de todas las formas, pero no pecó.

Hebreos 4:15

Porque no tenemos un Pontífice que no se pueda compadecer de nuestras flaquezas; mas tentado en todo según nuestra semejanza, pero sin pecado.

¿Podría el enemigo haber tentado a Jesús durante su crucifixión para que se diera por vencido? ¿Qué pasaría si Él se hubiera negado a ir a la cruz?

Una vez Jesús alimentó a 5,000 personas, y en otra ocasión a 4,000. ¿Dónde estaba toda esta gente que Él alimentó? ¿Dónde estaba el hombre a quien había sanado? ¿Podría ser que ellos estuvieron en la multitud que gritaba: "¡Crucifícalo!"? No me sorprendería si muchos de ellos hubieran estado entre aquella multitud. El enemigo lo hubiera hecho para ocasionar que Jesús se ofendiera. Alabado sea Dios, ¡pues no cayó en la tentación! **Para poder ir a la cruz en voluntad propia, Jesús tenía que perdonar.**

Había un propósito mucho más grande que eso: para que usted y yo pudiéramos ser redimidos por Su obediencia. Que El Señor nos ayude a ver más allá de lo que nubla nuestra visión: la falta de perdón, rechazo, dolor, acusaciones falsas y muchas otras distracciones que obstaculizan el plan perfecto de Dios para nuestras vidas.

Lucas 22:47-53 (RVR 1909)

Estando él aún hablando, he aquí una turba; y el que se llamaba Judas, uno de los doce, iba delante de ellos; Y llegóse a Jesús para besarlo. Entonces Jesús le dijo: Judas, ¿con beso entregas al Hijo del hombre?

Y viendo los que estaban con él lo que había de ser, le dijeron: Señor, ¿heriremos a cuchillo? Y uno de ellos hirió a un siervo del príncipe de los sacerdotes, y le quitó la oreja derecha.

Entonces respondiendo Jesús, dijo: Dejad hasta aquí. Y tocando su oreja, le sanó.

Y Jesús dijo a los que habían venido a él, los príncipes de los sacerdotes, y los magistrados del templo, y los ancianos:¿Como a ladrón habéis salido con espadas y con palos? Habiendo estado con vosotros cada día en el templo, no extendisteis las manos contra mí; Mas ésta es vuestra hora, y la potestad de las tinieblas.

Finalmente había sucedido la traición de Jesús. Sin embargo, Jesús escogió pasar por alto la traición y humillación, así como el rechazo y el dolor; más bien decidió perdonar, tener compasión, y sanar. Restauró el oído de la persona que estaba en compañía de aquellos habían ido para arrestarlo, cuando dijo: "*Dejad hasta aquí.*"

Jesús conoce cada tipo de injusticia que enfrentaremos. Él fue tentado en todo, de cada manera posible "*Porque no tenemos un Pontífice que no se pueda compadecer de nuestras flaquezas; mas tentado en todo según nuestra semejanza, pero sin pecado.*" (Hebreos 4:15).

Cuando oremos, pidamos a Dios que destruya el poder del enemigo sobre la vida de la persona que nos lastimó. Esta es la intercesión verdadera, y desarma los poderes de las tinieblas por completo. Verá, orar por nuestros enemigos nos libera del dolor, y sus ataduras pierden su poder sobre nosotros. El amor de Dios en nuestros corazones nos sana, haciéndonos capaz de pedirle por misericordia para nuestros enemigos.

El poder sanador de Dios puede restaurar y sanar nuestros corazones, y evita que el enemigo deje su trazo. ¡Que el poder sanador de Dios fluya en su corazón con Su desbordante amor!

Cómo Perdonar

Esta es una escritura que, aunque por mucho tiempo no la comprendía, me fue de consuelo:

Mucha paz tienen los que aman tu ley; y no hay para ellos tropiezo. (Salmo 119:165)

No podía encontrar la manera en la que uno pudiera vivir sin ofenderse. Por muchos años, cada vez que veía ese versículo al leer la Biblia, decía: "Ahí está el versículo de nuevo. ¿Cómo es posible vivir sin ofenderse en lo absoluto?

Entonces, un día de camino a la iglesia, el Padre abrió mis ojos para ver la profundidad de esta verdad. El Señor me recordó las palabras de Juan el Bautista en Juan 3:26-27:

Y vinieron a Juan, y dijéronle: Rabbí, el que estaba contigo de la otra parte del Jordán, del cual tú diste testimonio, he aquí bautiza, y todos vienen a él. Respondió Juan, y dijo: No puede el hombre recibir algo, si no le fuere dado del cielo.

Los discípulos de Juan el Bautista querían provocarle celos. Gloria a Dios, pues Juan el Bautista no cayó en el engaño. Más bien, dijo: *"No puede el hombre recibir algo, si no le fuere dado del cielo."*

¡Cuán pacífica y libre de estrés sería nuestra vida si buscáramos a Dios para atender todas nuestras necesidades! El hombre es limitado, pero Dios no tiene límite alguno. ***La libertad comienza cuando Dios es su fuente.*** Si nuestro ascenso laboral viene de Él, entonces, en su momento Él nos promocionará. La parte que nos toca es permanecer fiel, y el su momento Él nos recompensará. Él levanta nuestra cabeza.

Salmo 3:3

Mas tú, Jehová, eres escudo alrededor de mí: Mi gloria, y el que ensalza mi cabeza.

Dios me reveló que la razón por la que las personas se ofenden es porque alguien tomó algo de ellos. Tal vez fue su valor, un ascenso laboral, o algo más. Sabemos que el exaltamiento no viene del oriente ni del occidente, si no del Señor (Salmo 75:6). Si alguien nos desprecia, podemos ir al Padre para reafirmarnos en Él.

Si vemos a Dios como nuestra fuente, Él nos afirmará y restaurará todas las cosas en el nombre de Jesús.

Continúe Llenando Su Corazón con la Palabra de Dios

La Palabra de Dios es la verdadera fuente de sanidad. Jesús describe la Palabra de Dios como una semilla Nuestro corazón es el jardín donde la semilla de la Palabra de Dios es plantada, La cual va creciendo cada vez más hasta que triunfa sobre cualquier enfermedad.

Marcos 4:14 *El sembrador siembra la palabra.*

El estado de nuestro corazón determina si la palabra dentro de nosotros tendrá fruto. Un corazón rendido a Dios, libre de ofensa y cualquier obstáculo, crea una tierra fértil para la Palabra de Dios.

Marcos 4:20

Y éstos son los que fueron sembrados en buena tierra: los que oyen la palabra, y la reciben, y hacen fruto, uno a treinta, otro a sesenta, y otro a ciento.

Cuando usted riega la semilla de la Palabra de Dios con más de la Palabra en la tierra fértil, esta semilla crece y vence cada enfermedad que busca robarle su salud.

Así crecía poderosamente la palabra del Señor, y prevalecía. (Hechos 19:20)

Además, ¡la Palabra de Dios nutre cada célula, tejido, órgano y sistema en todo nuestro!

Proverbios 4:20-22 nos aconseja lo siguiente:

*Hijo mío, está atento a **mis palabras**; inclina tu oído a mis razones. No se aparten de tus ojos; guárdalas en medio de tu corazón. Porque son vida a los que las hallan, **y medicina a toda su carne**.*

Haga un Hábito de Reunirse con Creyentes.

Cuando nos reunimos con otros creyentes cada semana, entramos a la presencia de Dios, y eso fortalece cada área de nuestra vida: espiritual, emocional y física.

Salmo 84:7

Irán de fortaleza en fortaleza, Verán á Dios en Sión.

La gracia para recibir sanidad está disponible cuando nos reunimos con otros creyentes en la presencia de Dios.

Hebreos 12:22-24 (RVR 1909)

Mas os habéis llegado al monte de Sión, y a la ciudad del Dios vivo, Jerusalén la celestial, y a la compañía de muchos millares de ángeles, y a la congregación de los primogénitos que están alistados en los cielos, y a Dios el Juez de todos, y a los espíritus de los justos hechos perfectos, y a Jesús el Mediador del nuevo testamento, y a la sangre del esparcimiento que habla mejor que la de Abel.

Al reunirnos en la iglesia, podemos ser fortalecidos. La sanidad está disponible.

Algunas veces han llegado personas enfermas a la iglesia, pero son sanadas cuando entran al servicio. Otros han sido sanados al escuchar la palabra de Dios. En una ocasión distinta, el Señor sanó a una mujer que sufría de migraña durante la predicación en el servicio. Aunque nadie oró por ella, momentos después testificó que había sido sanada para la gloria de Dios.

Cuando nos reunimos en la iglesia, nos encontramos entre una innumerable compañía de ángeles que están atentos a la voluntad de Dios, y eso incluye su sanidad. El enfermo recibe su sanidad y el débil recibe fortaleza en la Presencia del Padre.

Viva en el Temor Reverente a Dios

Mas a vosotros los que teméis mi nombre, nacerá el Sol de justicia, y en sus alas traerá salud: y saldréis, y saltaréis como becerros de la manada."
Malaquías 4:2

El nombre "Sol de Justicia" pertenece desde luego a nuestro Señor Jesucristo. Como verán, hay una conexión clara entre el temor reverente al Señor, que engendra obediencia, y nos ayuda a caminar en la salud divina.

La Biblia también promete una larga vida a los que temen al Señor; son protegidos de las enfermedades que reducen la calidad de su vida.

Proverbios 10:27

El temor de Jehová aumentará los días: Mas los años de los impíos serán acortados.

Nuestro Señor Jesús tuvo un temor reverente al Padre. Seamos imitadores de nuestro Señor y Salvador al caminar en el temor a Dios.

Proverbios 14:27

El temor de Jehová es manantial de vida, Para apartarse de los lazos de la muerte.

Le pido al Padre que perdone toda iniquidad que está obstaculizando el camino a su sanidad, y que lo cumpla sobre usted, en el nombre de Jesús. Para cada instrucción que la Biblia nos da, vienen beneficios maravillosos. Cuando nos arrepentimos de nuestras iniquidades, disfrutamos de buena salud.

Salmo 103:1-3

Bendice, alma mía a Jehová; y bendigan todas mis entrañas su santo nombre.

Bendice, alma mía, a Jehová, y no olvides ninguno de sus beneficios.

Él es quien perdona todas tus iniquidades, el que sana todas tus dolencias;

Él es quien perdona todas tus iniquidades, el que sana todas tus dolencias;

Hable Vida

La muerte y la vida están en poder de la lengua; Y el que la ama comerá de sus frutos. (Proverbios 18:21)

En esta sección veremos cómo se relacionan nuestra salud y las palabras que hablamos.

Proverbios 16:24

Panal de miel son los dichos suaves. Suavidad al alma y medicina a los huesos.

Este hermoso versículo habla sobre la dulzura de las palabras amables y hace referencia a la sanidad que produce, así como la miel endulza el cuerpo. Los científicos han encontrado una gran cantidad de beneficios en la miel que los judíos ya conocían.

Rendir nuestras palabras al Señor es de gran importancia si deseamos caminar en la salud divina. La Biblia dice que la lengua afecta a todo el cuerpo, y es verdad. Echemos un vistazo al siguiente versículo que abrirá nuestros ojos:

Santiago 3:5

Así también, la lengua es un miembro pequeño, y se gloría de grandes cosas. He aquí, un pequeño fuego ¡cuán grande bosque enciende!

Además de hablar palabras que estén alineadas a la Palabra de Dios para nuestra sanidad, necesitamos hablar vida y verdad sobre la vida de los demás.

La raíz de amargura perjudica nuestra salud. De esta raíz podrían salir celos, envidia, enfermedad, resentimiento, falta de información y, francamente, decepción.

Hebreos 12:15

Mirando bien que ninguno se aparte de la gracia de Dios, que ninguna raíz de amargura brotando os impida, y por ella muchos sean contaminados.

Cuando se da lugar a la falsedad y al engaño por mucho tiempo, es común que resulte en amargura, la cual contamina a muchos.

Cuando acusamos a otros miembros del cuerpo de Cristo debido a una raíz de amargura, le permitimos al enemigo tener acceso sobre nuestras vidas para infligir enfermedad y dolor. ¿Por qué? Porque haríamos lo mismo que él: acusar.

Apocalipsis 12:10

*Y oí una grande voz en el cielo que decía: Ahora ha venido la salvación, y la virtud, y el reino de nuestro Dios, y el poder de su Cristo; porque **el acusador de nuestros hermanos** ha sido arrojado, el cual los acusaba delante de nuestro Dios día y noche.*

¡No le Permita Acceso al Enemigo!

*Por lo cual, dejada la mentira, hablad verdad cada uno con su prójimo; porque somos miembros los unos de los otros. Airaos, y no pequéis; no se ponga el sol sobre vuestro enojo; **ni deis lugar al diablo.** (Efesios 4:25-27)*

En lo que concierne al Cristiano, la única manera en la que el enemigo puede tener acceso a nuestras vidas es cuando se lo damos. Por lo tanto, debemos identificar los puntos de acceso y cerrarlos. En especial, cuidemos nuestras palabras.

Escojamos hablar vida.

Bloquee al Devorador

Nuestro Padre Celestial nos ofrece una manera en la que detenemos las artimañas del devorador. El devorador es el diablo que viene a robar, matar y destruir. Él quiere robarle cualquier cosa que tenga valor para usted, así como su salud, paz, familia y recursos, hasta quedarse sin nada.

Estudiemos una provisión que Dios nos dio para detener al devorador.

Honre a Dios con Su Diezmo.

Antes de la ley de Moisés, en el capítulo 14 de Génesis verá que Abraham entregó su diezmo a Melquisedec. Más adelante veremos que Jesús se asemeja a Melquisedec porque recibe el diezmo en el libro de Hebreos, del nuevo testamento.

Génesis 14:20

Y bendito sea el Dios alto, que entregó tus enemigos en tu mano. Y dióle Abram los diezmos de todo.

Luego en Malaquías, Dios explica la lluvia de bendición que llega cuando diezmamos.

Malaquías 3:10-11

Traed todos los diezmos al alfolí, y haya alimento en mi casa; y probadme ahora en esto, dice Jehová de los ejércitos, si no os abriré las ventanas de los cielos, y vaciaré sobre vosotros bendición hasta que sobreabunde.

Increparé también por vosotros al devorador, y no os corromperá el fruto de la tierra; ni vuestra vid en el campo abortará, dice Jehová de los ejércitos.

¿Qué es el diezmo? Es el 10 porciento de lo que usted recibe.

Esta es un área donde el Padre nos pide que le confiemos. Podemos permanecer firmes en el pacto de nuestro diezmo para reprender al devorador de nuestra salud, familia, finanzas o cualquier cosa importante para nosotros, y él huirá en el nombre de Jesús.

Como se mencionó antes, en Hebreos aprendemos que ahora nuestro Señor Jesús recibe nuestros diezmos.

Hebreos 7:7-9

Y sin contradicción alguna, lo que es menos es bendecido de lo que es más. Y aquí ciertamente los hombres mortales toman los diezmos: mas allí, **aquel del cual está dado testimonio que vive**. *Y, por decirlo así, en Abraham fué diezmado también Leví, que recibe los diezmos. (Se agregó énfasis)*

¡Qué intercambio tan glorioso! Nuestro Señor Jesús recibe los diezmos. La maldición que el diablo intenta infligir sobre nuestras vidas ha sido detenida, pues Jesús derrama bendición sobre nosotros. Gloria a Dios por destruir al devorador, el enemigo, de cada área de nuestras vidas, incluyendo nuestra salud.

Tome la Comunión

Nuestro Señor Jesús trazó el camino y nos instruyó tomar comunión tan seguido como podamos en memoria de Él. La comunión es un alimento milagroso para el Cristiano.

Hebreos 12:24

Y a Jesús el Mediador del nuevo testamento, y a la sangre del esparcimiento que habla mejor que la de Abel.

¿Sabía que la sangre de Jesús habla su sanidad? Le animo a que participe de la comunión en su iglesia local; o bien, puede hacerlo usted mismo tan seguido como pueda.

1 Corintios 10:16

La copa de bendición que bendecimos, ¿no es la comunión de la sangre de Cristo? El pan que partimos, ¿no es la comunión del cuerpo de Cristo? (Se agregó énfasis).

Juan 6:53-55

Y Jesús les dijo: De cierto, de cierto os digo: Si no comiereis la carne del Hijo del hombre, y bebiereis su sangre, no tendréis vida en vosotros. El que come mi carne y bebe mi sangre, tiene vida eterna: y yo le resucitaré en el día postrero. Porque mi carne es verdadera comida, y mi sangre es verdadera bebida.

Levítico 17:11 (RVR 1909)

Porque la vida de la carne en la sangre está: y yo os la he dado para expiar vuestras personas sobre el altar: Por lo cual la misma sangre expiará la persona.

Permítame compartir con usted un testimonio inolvidable sobre la comunión.

Cuando mi hermana era adolescente y nueva en la fe, estuvo al borde de la muerte. Su nivel de hemoglobina había disminuido a 4, lo cual es bastante peligroso para una joven. Yo llevaba una cinta de casete del cantante cristiano Don Moen, y una botella con agua. Toda la noche estuve con mi hermana escuchando el casete de Don Moen. Tuvimos sesiones de 30 minutos donde oraba en el espíritu y en mi entendimiento. Con cada gramo de fe que pude acumular, oré al Padre: "Si la sangre de Jesús habla todavía, entonces en el nombre de Jesús, ¡cuando mi hermana beba de esta agua, que su vida sea restaurada y se recupere, en el nombre de Jesús!"

Para la gloria de Dios, mi hermana sobrevivió esa crísis, y continúa prosperando hasta el día de hoy. Ahora está casada y tiene su propia familia.

Sirva al Señor

Todo lo que rinda al Señor será bendecido. Cuando servimos al Señor con todas nuestras fuerzas, Él nos renueva al llenarnos de Su vigor.

Cuando era joven, solía tener dolor en la cintura de vez en cuando. Había ocasiones donde tenía que detenerme cuando los demás estaban corriendo, pues el dolor era insoportable.

En la universidad, decidí servir en el equipo matutino de la iglesia, donde preparábamos la iglesia para recibir a cientos de miembros cada semana. Ayudé en la limpieza de la iglesia de 4:00 am hasta las 6:00 am Me di cuenta que el dolor de mi cintura se había ido en algunas semanas. Vigilé este proceso. Por algunos meses, no sentí dolor,

y no regresó después de muchos años. Solía pensar mucho en esto, pues no había orado por sanidad. De hecho, me había acostumbrado al dolor. No conocía esta verdad en ese entonces, pero un par de años después, el Padre me mostró la siguiente escritura:

Éxodo 23:25-26

*Mas **a Jehová vuestro Dios serviréis**, y él bendecirá tu pan y tus aguas; **Y YO QUITARÉ TODA ENFERMEDAD** de en medio de ti. No habrá mujer que aborte, ni estéril en tu tierra; y yo cumpliré el número de tus días. (Se agregó énfasis).*

¿Se da cuenta que al servir a Dios Él QUITA su enfermedad? Cuando decidí servirle con todas mis fuerzas, aunque era poco, Él me sanó. ¡Gloria a Dios!

Le animo a servir en su iglesia local y, al hacerlo con un corazón sincero, pido que Dios mismo quite la enfermedad de su cuerpo. Él también le promete una LARGA VIDA. Ninguna póliza de seguro puede garantizar esto.

Hablemos sobre la bondad de Dios al testificar la sanidad poderosa y milagros que hemos visto entre nostros. Así como los discípulos proclamaron: *"Porque no podemos dejar de decir lo que hemos visto y oído."* (Hechos 4:20)

¡Demos a Dios toda la gloria por siempre!

100 Escrituras sobre Sanidad para Fortalecer Su Fe

Sea bendecido al meditar sobre lo que el Padre ha dicho acerca de su sanidad. Pido que experimente la sanidad completa en el nombre de Jesús.

Todas las referencias fueron tomadas de la Versión Reina Valera Revisada (1909) a menos que se indique lo contrario.

Éxodo 15:26 Y dijo: Si oyeres atentamente la voz de Jehová tu Dios, e hicieres lo recto delante de sus ojos, y dieres oído a sus mandamientos, y guardares todos sus estatutos, ninguna enfermedad de las que envié a los Egipcios te enviaré a ti; porque yo soy Jehová tu Sanador.

Génesis 6:3 Y dijo Jehová: No contenderá mi espíritu con el hombre para siempre, porque ciertamente él es carne: mas serán sus días ciento y veinte años.

Génesis 15:15 *Y tú vendrás a tus padres en paz, y serás sepultado en buena vejez.*

Job 5:26 *Y vendrás en la vejez a la sepultura, como el montón de trigo que se coge a su tiempo.*

Éxodo 12:13 *Y la sangre os será por señal en las casas donde vosotros estéis; y veré la sangre, y pasaré de vosotros, y no habrá en vosotros plaga de mortandad, cuando heriré la tierra de Egipto.*

Éxodo 23:25-26 *Mas a Jehová vuestro Dios serviréis, y él bendecirá tu pan y tus aguas; y yo quitaré toda enfermedad de en medio de ti. No habrá mujer que aborte, ni estéril en tu tierra; y yo cumpliré el número de tus días. No habrá mujer que aborte, ni estéril en tu tierra; y yo cumpliré el número de tus días.*

Deuteronomio 7:15 *Y quitará Jehová de ti toda enfermedad; y todas las malas plagas de Egipto, que tú sabes, no las pondrá sobre ti, antes las pondrá sobre todos los que te aborrecieren.*

Lucas 13:11-13 *Y he aquí una mujer que tenía espíritu de enfermedad dieciocho años, y andaba agobiada, que en ninguna manera se podía enhestar. Y como Jesús la vió, llamóla, y díjole: Mujer, libre eres de tu enfermedad. Y puso las manos sobre ella; y luego se enderezó, y glorificaba a Dios.*

Deuteronomio 11:9, 21 *Y para que os sean prolongados los días sobre la tierra, que juró Jehová a vuestros padres había de dar a ellos y a su simiente, tierra que fluye leche y miel. Para que sean aumentados vuestros días, y los días de vuestros hijos, sobre la* *tierra que juró Jehová a vuestros padres que les había de dar, como los días de los cielos sobre la tierra.*

Deuteronomio 23:5 *Mas no quiso Jehová tu Dios oir a Balaam; y Jehová tu Dios te volvió la maldición en bendición, porque Jehová tu Dios te amaba.*

2 Reyes 20:7 *Y dijo Isaías: Tomad masa de higos. Y tomándola, pusieron sobre la llaga, y sanó.*

Deuteronomio 28:61 *Asimismo toda enfermedad y toda plaga que no está escrita en el libro de esta ley, Jehová la enviará sobre ti, hasta que tú seas destruido.*

Gálatas 3:13 *Cristo nos redimió de la maldición de la ley, hecho por nosotros maldición; (porque está escrito: Maldito cualquiera que es colgado en madero).*

Deuteronomio 33:25 *Hierro y metal tu calzado, Y como tus días tu fortaleza.*

Job 33:24-25 *Que le diga que Dios tuvo de él misericordia, Que lo libró de descender al sepulcro, Que halló redención: Enterneceráse su carne más que de niño, Volverá a los días de su mocedad.*

Salmo 30:1-2 *Glorificarte he, oh Jehová; porque me has ensalzado, y no hiciste a mis enemigos alegrarse de mí. Jehová Dios mío, A ti clamé, y me sanaste.*

Salmo 29:11 *Jehová dará fortaleza a su pueblo: Jehová bendecirá a su pueblo en paz.*

Salmo 41:2 *Jehová lo guarde, y le de vida: sea bienaventurado en la tierra, y no lo entregues a la voluntad de sus enemigos.*

Salmo 41:3 *Jehová lo sustentará sobre el lecho del dolor: Mullirás toda su cama en su enfermedad.*

Salmo 43:5 *¿Por qué te abates, oh alma mía, y por qué te conturbes en mí? Espera a Dios; porque aun le tengo de alabar; es el salvamento delante de mí, y el Dios mío.*

Salmo 91:10 *No te sobrevendrá mal, Ni plaga tocará tu morada.*

Salmo 91:16 *Saciarélo de larga vida, Y mostraréle mi salud.*

Salmo 103:3 *Él es quien perdona todas tus iniquidades, El que sana todas tus dolencias.*

Salmo 107:20 *Envió su palabra, y curólos, y librólos de su ruina.*

Salmo 118:17 *No moriré, sino que viviré, y contaré las obras de Jehová.*

Salmo 147:3 *El sana a los quebrantados de corazón, y liga sus heridas.*

Proverbios 4:10 *Oye, hijo mío, y recibe mis razones; y se te multiplicarán años de vida.*

Proverbios 3:8 *Porque será medicina a tu ombligo, Y tuétano a tus huesos.*

Proverbios 4:22 *Porque son vida a los que las hallan, y medicina a toda su carne.*

Proverbios 15:30 *La luz de los ojos alegra el corazón; y la buena fama engorda los huesos.*

Proverbios 16:24 *Panal de miel son los dichos suaves. Suavidad al alma y medicina a los huesos.*

Nehemías 8:10 *Díjoles luego: Id, comed grosuras, y bebed vino dulce, y enviad porciones a los que no tienen prevenido; porque día santo es a nuestro Señor: y no os entristezcáis, porque el gozo de Jehová es vuestra fortaleza.*

Proverbios 17:22 *El corazón alegre produce buena disposición: Mas el espíritu triste seca los huesos.*

Isaías 32:3 *No se ofuscarán entonces los ojos de los que ven, y los oídos de los oyentes oirán atentos.*

Isaías 35:5 *Entonces los ojos de los ciegos serán abiertos, y los oídos de los sordos se abrirán.*

Isaías 33:2 *Oh Jehová, ten misericordia de nosotros, a ti hemos esperado: tú, brazo de ellos en la mañana, sé también nuestra salud en tiempo de la tribulación.*

Isaías 32:4 *Y el corazón de los necios entenderá para saber, y la lengua de los tartamudos será desenvuelta para hablar claramente.*

Isaías 33:2 *Oh Jehová, ten misericordia de nosotros, a ti hemos esperado: tú, brazo de ellos en la mañana, sé también nuestra salud en tiempo de la tribulación.*

Isaías 38:16, 20 *Oh Señor, sobre ellos vivirán tus piedades, Y a todos diré consistir en ellas la vida de mi espíritu; Pues tú me restablecerás, y me harás que viva.*

Jehová para salvarme; Por tanto cantaremos nuestros salmos en la casa de Jehová todos los días de nuestra vida.

Isaías 40:29 *Él da esfuerzo al cansado, y multiplica las fuerzas al que no tiene ningunas.*

Isaías 40:31 *Mas los que esperan a Jehová tendrán nuevas fuerzas; levantarán las alas como águilas; correrán, y no se cansarán; caminarán, y no se fatigarán.*

Isaías 41:10 *No temas, que yo soy contigo; no desmayes, que yo soy tu Dios que te esfuerzo: siempre te ayudaré, siempre te sustentaré con la diestra de mi justicia.*

Isaías 46:4 *Y hasta la vejez yo mismo, y hasta las canas os soportaré yo: yo hice, yo llevaré, yo soportaré y guardaré.*

Isaías 53:4 *Ciertamente llevó él nuestras enfermedades, y sufrió nuestros dolores; y nosotros le tuvimos por azotado, por herido de Dios y abatido.*

Isaías 53:10 *Con todo eso Jehová quiso quebrantarlo, sujetándole a padecimiento. Cuando hubiere puesto su vida en expiación por el pecado, verá linaje, vivirá por largos días, y la voluntad de Jehová será en su mano prosperada.*

Isaías 53:5 *Mas él herido fué por nuestras rebeliones, molido por nuestros pecados: el castigo de nuestra paz sobre él; y por su llaga fuimos nosotros curados.*

Isaías 57:19 *Crío fruto de labios: Paz, paz al lejano y al cercano, dijo Jehová; y sanárelo.*

Isaías 58:8 *Entonces nacerá tu luz como el alba, y tu salud se dejará ver presto; e irá tu justicia delante de ti, y la gloria de Jehová será tu retaguardia.*

Jeremías 30:17 *Mas yo haré venir sanidad para ti, y te sanaré de tus heridas, dice Jehová; porque Arrojada te llamaron, diciendo: Esta es Sión, a la que nadie busca.*

Jeremías 33:6 *He aquí que yo le hago subir sanidad y medicina; y los curaré, y les revelaré abundancia de paz y de verdad.*

Ezequiel 34:16 *Yo buscaré la perdida, y tornaré la amontada, y ligaré la perniquebrada, y corroboraré la enferma: mas á la gruesa y á la fuerte destruiré. Yo las apacentaré en juicio.*

Ezequiel 37:5, 14 *Así ha dicho el Señor Jehová a estos huesos: He aquí, yo hago entrar espíritu en vosotros, y viviréis.*

Y pondré mi espíritu en vosotros, y viviréis, y os haré reposar sobre vuestra tierra; y sabréis que yo Jehová hablé, y lo hice, dice Jehová.

Ezequiel 47:9 *Y será que toda alma viviente que nadare por donde quiera que entraren estos dos arroyos, vivirá: y habrá muy muchos peces por haber entrado allá estas aguas, y recibirán sanidad; y vivirá todo lo que entrare en este arroyo.*

Amós 5:4, 6 *Empero así dice Jehová a la casa de Israel: Buscadme, y viviréis; Buscad a Jehová, y vivid;*

Buscad a Jehová, y vivid; No sea que hienda, como fuego, a la casa de José, y la consuma, sin haber en Betel quien lo apague.

Malaquías 4:2 *Mas a vosotros los que teméis mi nombre, nacerá el Sol de justicia, y en sus alas traerá salud: y saldréis, y saltaréis como becerros de la manada.*

Mateo 8:3 *Y extendiendo Jesús su mano, le tocó, diciendo: Quiero; sé limpio. Y luego su lepra fue limpiada.*

Mateo 8:17 *Para que se cumpliese lo que fué dicho por el profeta Isaías, que dijo: El mismo tomó nuestras enfermedades, y llevó nuestras dolencias.*

Mateo 9:12 *Y oyéndolo Jesús, le dijo: Los que están sanos no tienen necesidad de médico, sino los enfermos.*

Éxodo 15:26 *Y dijo: Si oyeres atentamente la voz de Jehová tu Dios, e hicieres lo recto delante de sus ojos, y dieres oído a sus mandamientos, y guardares todos sus estatutos, ninguna enfermedad de las que envié a los Egipcios te enviaré a ti; porque yo soy Jehová tu Sanador.*

Mateo 14:14 *Y saliendo Jesús, vio un gran gentío, y tuvo compasión de ellos, y sanó a los que de ellos había enfermos.*

Mateo 4:23 *Y rodeó Jesús toda Galilea, enseñando en las sinagogas de ellos, y predicando el evangelio del reino, y sanando toda enfermedad y toda dolencia en el pueblo.*

Mateo 9:29 *Entonces tocó los ojos de ellos, diciendo: Conforme a vuestra fe os sea hecho.*

Mateo 10:1 *Entonces llamando a sus doce discípulos, les dio potestad contra los espíritus inmundos, para que los echasen fuera, y sanasen toda enfermedad y toda dolencia.*

Lucas 9:1 *Y juntando a sus doce discípulos, les dio virtud y potestad sobre todos los demonios, y que sanasen enfermedades.*

Mateo 12:15 *Mas sabiéndolo Jesús, se apartó de allí: y le siguieron muchas gentes, y sanaba a todos.*

Hebreos 13:8 *Jesucristo es el mismo ayer, y hoy, y por los siglos.*

Mateo 14:36 *Y le rogaban que solamente tocasen el borde de su manto; y todos los que tocaron, quedaron sanos.*

Mateo 15:26 *Y respondiendo él, dijo: No es bien tomar el pan de los hijos, y echarlo a los perrillos.*

Marcos 7:37 *Y en gran manera se maravillaban, diciendo: Bien lo ha hecho todo: hace á los sordos oir, y a los mudos hablar.*

Marcos 9:23 *Y Jesús le dijo: Si puedes creer, al que cree todo es posible.*

Marcos 11:23-24 *Porque de cierto os digo que cualquiera que dijere a este monte: Quítate, y échate en la mar, y no dudare en su corazón, mas creyere que* será hecho lo que dice, lo que dijere le será hecho. Por tanto, os digo que todo lo que orando pidiereis, creed que lo recibiréis, y os vendrá.

Marcos 16:18 *Quitarán serpientes, y si bebieren cosa mortífera, no les dañará; sobre los enfermos pondrán sus manos, y sanarán.*

Lucas 4:18 *El Espíritu del Señor es sobre mí, por cuanto me ha ungido para dar buenas nuevas a los pobres: Me ha enviado para sanar a los quebrantados de corazón; Para pregonar a los cautivos libertad, y a los ciegos vista; Para poner en libertad a los quebrantados.*

Isaías 10:27 *Y acaecerá en aquel tiempo, que su carga será quitada de tu hombro, y su yugo de tu cerviz, y el yugo se empodrecerá por causa de la unción.*

Isaías 61:1 *El espíritu del Señor Jehová es sobre mí, porque me ungió Jehová; hame enviado a predicar buenas nuevas a los abatidos, a vendar a los quebrantados de corazón, a publicar libertad a los cautivos, y a los presos abertura de la cárcel.*

Lucas 9:11 *Y como lo entendieron las gentes, le siguieron; y él las recibió, y les hablaba del reino de Dios, y sanaba a los que tenían necesidad de cura.*

Lucas 9:56 *Porque el Hijo del hombre no ha venido para perder las almas de los hombres, sino para salvarlas. Y se fueron á otra aldea. Y se fueron á otra aldea.*

Lucas 10:19 He aquí os doy potestad de hollar sobre las serpientes y sobre los escorpiones, y sobre toda fuerza del enemigo, y nada os dañará.

Lucas 13:16 Y a esta hija de Abraham, que he aquí Satanás la había ligado dieciocho años, ¿no convino desatarla de esta ligadura en día de sábado?

2 Corintios 6:2 Porque dice: En tiempo aceptable te he oído, Y en día de salud te he socorrido: he aquí ahora el tiempo aceptable; he aquí ahora el día de salud.

Juan 1:4 En él estaba la vida, y la vida era la luz de los hombres.

Juan 6:33, 35 Porque el pan de Dios es aquel que descendió del cielo y da vida al mundo.

Y Jesús les dijo: Yo soy el pan de vida. El que a mí viene, nunca tendrá hambre; y el que en mí cree, no tendrá sed jamás.

Juan 6:63 El espíritu es el que da vida; la carne nada aprovecha: las palabras que yo os he hablado, son espíritu y son vida.

Juan 10:10 El ladrón no viene sino para hurtar, y matar, y destruir: yo he venido para que tengan vida, y para que la tengan en abundancia.

Juan 11:25 Dícele Jesús: Yo soy la resurrección y la vida: el que cree en mí, aunque esté muerto, vivirá.

Juan 14:14 Si algo pidiereis en mi nombre, yo lo haré.

Hechos 3:16 Y en la fe de su nombre, a este que vosotros veis y conocéis, ha confirmado su nombre: y la *fe que por él es, ha dado a este esta completa sanidad en presencia de todos vosotros.*

Hechos 4:30 *Que extiendas tu mano a que sanidades, y milagros, y prodigios sean hechos por el nombre de tu santo Hijo Jesús.*

Hechos 9:34 *Y le dijo Pedro: Eneas, Jesucristo te sana; levántate, y hazte tu cama. Y luego se levantó.*

Hechos 10:38 *Cuanto a Jesús de Nazaret; como le ungió Dios de Espíritu Santo y de potencia; el cual anduvo haciendo bienes, y sanando a todos los oprimidos del diablo; porque Dios era con él.*

Hechos 19:12 *De tal manera que aun se llevaban sobre los enfermos los sudarios y los pañuelos de su cuerpo, y las enfermedades se iban de ellos, y los malos espíritus salían de ellos.*

Romanos 8:2 *Porque la ley del Espíritu de vida en Cristo Jesús me ha librado de la ley del pecado y de la muerte.*

Romanos 8:11 *Y si el Espíritu de aquel que levantó de los muertos a Jesús mora en vosotros, el que levantó a Cristo Jesús de los muertos, vivificará también vuestros cuerpos mortales por su Espíritu que mora en vosotros.*

1 Corintios 6:19-20 *¿O ignoráis que vuestro cuerpo es templo del Espíritu Santo, el cual está en vosotros, el cual tenéis de Dios, y que no sois vuestros? Porque comprados sois por precio: glorificad pues a Dios en vuestro cuerpo y en vuestro espíritu, los cuales son de Dios.*

1 Corintios 11:29-31 Porque el que come y bebe indignamente, juicio come y bebe para sí, no discerniendo el cuerpo del Señor.

Por lo cual hay muchos enfermos y debilitados entre vosotros; y muchos duermen.

Que si nos examinásemos a nosotros mismos, cierto no seríamos juzgados.

1 Corintios 12:9A otro, fe por el mismo Espíritu, y a otro, dones de sanidades por el mismo Espíritu.

2 Corintios 4:10-11 Llevando siempre por todas partes la muerte de Jesús en el cuerpo, para que también la vida de Jesús sea manifestada en nuestros cuerpos.

Porque nosotros que vivimos, siempre estamos entregados a muerte por Jesús, para que también la vida de Jesús sea manifestada en nuestra carne mortal.

2 Corintios 1:10 El cual nos libró y libra de tanta muerte; en el cual esperamos que aun nos librará.

Efesios 1:21-23 Sobre todo principado, y potestad, y potencia, y señorío, y todo nombre que se nombra, no sólo en este siglo, mas aun en el venidero: Y sometió todas las cosas debajo de sus pies, y diólo por cabeza sobre todas las cosas á la iglesia, La cual es su cuerpo, la plenitud de Aquel que hinche todas las cosas en todos.

Efesios 6:3 Para que te vaya bien, y seas de larga vida sobre la tierra.

Colosenses 1:13 *Que nos ha librado de la potestad de las tinieblas, y trasladado al reino de su amado Hijo.*

2 Timoteo 4:18 *Y el Señor me librará de toda obra mala, y me preservará para su reino celestial: al cual sea gloria por los siglos de los siglos. Amén.*

Hebreos 2:9, 14-15 *Empero vemos coronado de gloria y de honra, por el padecimiento de muerte, a aquel Jesús que es hecho un poco menor que los ángeles, para que por gracia de Dios gustase la muerte por todos. Así que, por cuanto los hijos participaron de carne y sangre, él también participó de lo mismo, para destruir por la muerte al que tenía el imperio de la muerte, es a saber, al diablo, y librar a los que por el temor de la muerte estaban por toda la vida sujetos a servidumbre.*

Hebreos 10:22 *Lleguémonos con corazón verdadero, en plena certidumbre de fe, purificados los corazones de mala conciencia, y lavados los cuerpos con agua limpia.*

Efesios 5:26 *Para santificarla limpiándola en el lavacro del agua por la palabra.*

Hebreos 12:12-13 *Por lo cual alzad las manos caídas y las rodillas paralizadas; y haced derechos pasos a vuestros pies, porque lo que es cojo no salga fuera de camino, antes sea sanado.*

Santiago 5:14-15 *¿Está alguno enfermo entre vosotros? llame a los ancianos de la iglesia, y oren por él, ungiéndole con aceite en el nombre del Señor. Y la oración de fe salvará al enfermo, y el Señor lo levantará; y si estuviere en pecados, le serán perdonados.*

Santiago 5:16 *Confesaos vuestras faltas unos a otros, y rogad los unos por los otros, para que seáis sanos; la oración del justo, obrando eficazmente, puede mucho.*

1 Pedro 2:24 *El cual mismo llevó nuestros pecados en su cuerpo sobre el madero, para que nosotros siendo muertos a los pecados, vivamos a la justicia: por la herida del cual habéis sido sanados.*

2 Pedro 1:3 *Como todas las cosas que pertenecen a la vida y a la piedad nos sean dadas de su divina potencia, por el conocimiento de aquel que nos ha llamado por su gloria y virtud.*

Apocalipsis 22:17 *Y el Espíritu y la Esposa dicen: Ven. Y el que oye, diga: Ven. Y el que tiene sed, venga: Y el que quiere, tome del agua de la vida de balde.*

3 Juan 1:2 *Amado, yo deseo que tú seas prosperado en todas cosas, y que tengas salud, así como tu alma está en prosperidad.*

CONCLUSIÓN

$\mathscr{C}$ onfiamos en que este libro ha sido de bendición para usted.

Nos encantaría enviarle algunos Recursos Bíblicos Gratuitos. Contáctenos en:
gift@wordmissionchurchinternational.org

Los Pastores Paul y Paula son los pastores fundadores de la Word Mission Church International, donde cada semana sirven a familias que representan a diversos continentes.

También ministran en otras iglesias, retiros para hombres, eventos para mujeres, organizan labores de misiones que inspiran a muchos líderes de las iglesias en diferentes partes del mundo.

La Pastora Paula tiene un gran amor por los niños y desea verlos triunfar. Ha escrito algunos libros inspirados en la Biblia para niños, como:

As Special As Can Be, As Cuddly As Can Be, As Colorful As Can Be, Learning My ABC's and Numbers with My Favorite Animals, Fruits, and Veggies.

Para descubrir cómo puede ver los sermones por televisión cada semana, visite:
www.wordmissionchurchinternational.org

Aprenda cómo escuchar mensajes en su plataforma de pódcast favorita en:
www.wordmissionchurchinternational.org/podcasts/
También puede pedir a su asistente de voz que acceda al pódcast de Word Mission Church International.

También puede encontrar mensajes de vida en nuestras redes sociales bajo el nombre de "Word Mission Church International".

Para aprender más sobre los Pastores Paul y Paula, o encontrar más libros escritos por ellos, visite:
www.wordmissionchurchinternational.org

¡Esperamos escuchar sus testimonios!